2022년 탕춘대성 기록자료 조사 보고서

탕춘대성

서울역사박물관 한양도성연구소

총괄
김용석 (전)서울역사박물관장
기봉호 서울역사박물관장 직무대행
박현욱 학예연구부장

기획
강성희 한양도성연구소장
김지연 (전)한양도성연구소장
조은주 학예연구사

지원
김선정, 옥정원 학예연구사
남예지, 심민하, 김은정, 홍지영 연구원

연구진
김영수 서울시립대학교 서울학연구소 연구교수
김상언 희상 G.C.P 건축사사무소 소장
김태윤 서울대학교 아시아연구소 학술연구교수
강동균 서울시립대학교 박사과정
김대한 서울시립대학교 박사
유슬기 서울시립대학교 석사과정

사진촬영
송민수

원고집필
김영수, 조은주

협조
국립민속박물관
서울기록원
서울대학교 규장각한국학연구원
일본 교토대학 가와이문고(京都大學 河合文庫)

일러두기

- 이 보고서는 2022년 탕춘대성 기록자료 조사 사업의 성과를 정리한 것이다.
- 탕춘대성을 포함한 유산은 2022년 현재 문화재지정 명칭을 우선 고려하여 표기하였다.
- 원고 서술에 있어서 단어의 의미를 분명하게 표현할 필요가 있는 경우에 한자를 병기하였다.
- 수록된 이미지는 서울역사박물관 소장 자료이거나 연구진이 촬영한 사진을 활용했고, 그 외의 자료는 소장처와 출처를 밝혔다. 일부 저작권자를 찾지 못하여 게재를 허가받지 못한 자료는 확인되는 대로 통상 기준에 따른 허가절차를 밟기로 한다.

목차

옛 지도에 표현된 탕춘대성(《연융대도》, 19세기 전반, © 규장각)

형제봉에서 바라본 탕춘대성 내부 전경(평창동), 2022년

발간사

창의문 밖, 한양도성의 서북쪽에는 탕춘대성(蕩春臺城)이라 불리는 성곽이 있습니다. 18세기 한양도성의 외곽 북쪽에 북한산성(北漢山城)을 축조한 후, 북한산성과 한양도성 사이에 쌓은 성으로, 과거 연융대성(鍊戎臺城) 혹은 서성(西城)이라 불리기도 했습니다. 당시 조선왕조는 탕춘대성의 건설을 통해 한양도성과 북한산성을 연결하는 견고한 수비체계를 구축하고자 했습니다. 이는 조선 후기 도성 방어를 강화하는 수도방위체계를 완성하고자 했다는 점에서 중요한 의미를 지닙니다.

그러나 일제강점기에 접어들면서 탕춘대성에 대한 제대로 된 관리가 이루어지지 않았고, 1920년대 초의 홍수로 성곽 일부가 소실·훼손되고 말았습니다. 이후 방치된 탕춘대성은 그렇게 점점 사람들의 기억에서 잊혔습니다.

서울시는 1970년대 탕춘대성의 홍지문과 수문 그리고 일부 성벽에 대한 보수·복원 공사를 추진하였습니다. 그러나 당시 성문과 수문을 중심으로 복원사업이 진행되었기 때문에 상대적으로 성벽은 훼손된 채 남아 있는 구간이 많습니다. 그럼에도 탕춘대성은 지형의 능선을 따라 쌓은 축성 당시의 원형이 대체로 잘 남아 있어 지형과 지세를 활용한 우리나라 성곽 축성의 전통을 잘 보여주는 소중한 유산입니다.

본 보고서는 '2022년 탕춘대성 기록자료 조사'의 결과물을 정리한 것입니다. 조사는 탕춘대성의 축성부터 훼손, 복원까지 시기별 변화상에 대한 기초자료 수집·조사와 함께 사진 등 현황 기록을 함께 진행하였습니다. 그동안 주목받지 못했던 탕춘대성의 역사와 위상을 되돌아볼 수 있는 자료가 되었으면 합니다. 또한 이를 바탕으로 앞으로 탕춘대성의 가치와 특징을 밝힐 수 있는 세밀한 연구가 진행될 수 있기를 기대합니다.

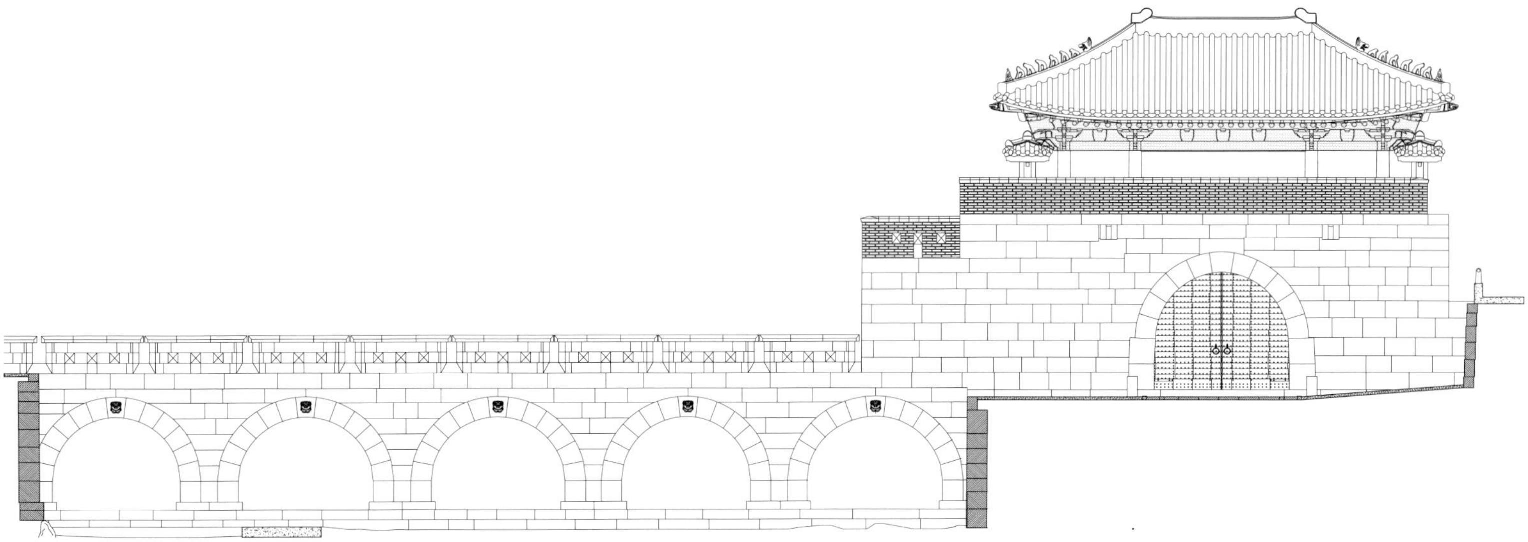

홍지문 및 오간수문(보수·복원) 정면도

탕춘대성의 현황

I

탕춘대성(蕩春臺城)은 서울특별시 종로구, 서대문구, 은평구, 성북구 및 경기도 고양시 덕양구 일대에 위치하고 있는 성곽으로 18세기 한양도성의 서북쪽에서 침입하는 적을 차단하고 성 내부의 창고 시설 등을 보호하기 위해 한양도성과 북한산성(北漢山城)을 연결하여 쌓았다. 인왕산 북쪽부터 북한산에서 남쪽으로 이어지는 서쪽 능선을 활용해 남북방향으로 축조되었으며, 축성 구간은 인왕산의 북쪽 기차바위 능선에서부터 홍제천 너머 북한산의 향로봉 아래까지 이어진다. 탕춘대성의 총길이는 약 5.1km(석성과 토성 4.38km, 자연 암반 0.72km)이며, 북한산 향로봉부터 문수봉까지의 구간(약 2.4km)은 자연 암반으로 이루어져 있다. 향로봉부터는 암반 구간으로 향로봉~비봉~사모바위~승가봉~문수봉으로 연결되어 북한산성과 만난다.

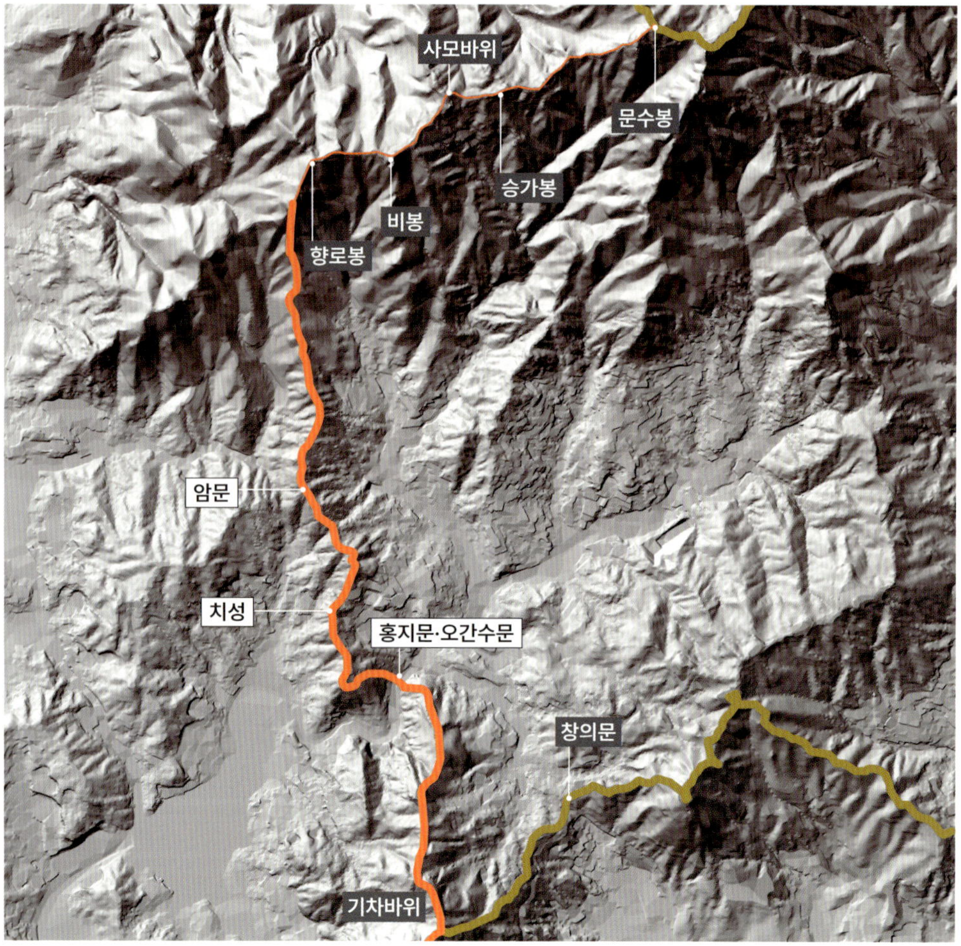

현재 탕춘대성은 성벽 및 주변 지형의 원형이 비교적 잘 남아 있다. 다만 잔존구간 중 여장이 훼손된 채 체성만 유지되고 있는 구간이 상대적으로 많이 분포하고 있다. 탕춘대성은 인왕산 기차바위로부터 홍제천 너머 북한산성까지 이어지는데 지형적 특성을 볼 때 크게 네 구간으로 구분할 수 있다.

① 인왕산 북측 구간(기차바위 능선~홍지문)
② 홍지문과 오간수문 구간
③ 북한산 남측 구간(오간수문~향로봉)
④ 북한산 암반 구간(향로봉~보현봉)

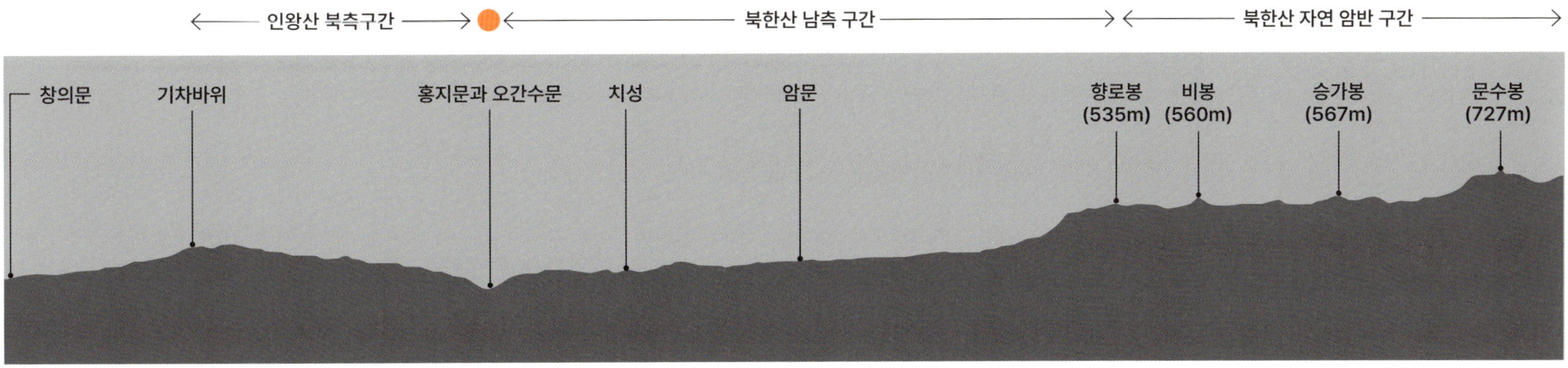

1

인왕산 북측 구간

기차바위 능선~홍지문

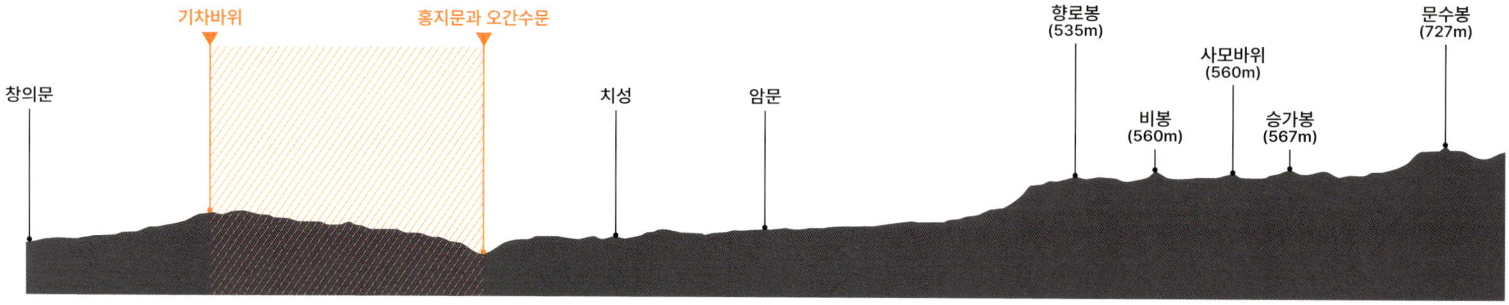

인왕산 북측 구간은 한양도성과 연결되는 지점으로 인왕산 기차바위 능선에서 홍지문(弘智門)[1] 까지 이어지는 지역이다. 이 구간은 대부분 자연 암반과 토축(土築) 구간으로, 기차바위 능선에서 완만한 경사를 이루다가 홍지문 인근에서 가파르게 경사진 지형을 형성하고 있다. 현재 토축으로 추정되는 구간의 능선 주변에는 수목들이 식생하고 있으며 등산로로 활용되고 있다. 능선의 내·외측 인접 지역에는 대한민국 군대에서 설치한 참호(塹壕)와 초소가 남아 있다. 인왕산 북쪽 능선의 마지막 봉우리에는 군부대가 위치하고 있으며 이 봉우리를 지나면 원형 구간(약 70m)과 복원 구간(약 80m)의 석성이 잔존하고 있다. 원형 구간에는 계단식 여장(女墻)이 비교적 양호한 상태로 남아 있다.[2]

1. 홍지문의 본래 이름은 한북문(漢北門)이다. 홍지문으로 불리게 된 시기는 정확히 알 수 없으나 현재 탕춘대성과 함께 '홍지문 및 탕춘대성'이라는 이름으로 서울특별시 유형문화재로 관리되고 있다.
2. 성벽의 여장 규모는 높이 98cm, 폭 106cm 정도이고, 총안은 폭 26cm, 높이 32cm이다. 면석의 크기는 35×30cm, 32×20cm, 24×16cm, 22×14cm 정도이다. 성돌은 대부분 주위에서 주운 막돌이나 개중에는 네모나게 거칠게 다듬은 것도 있다(민덕식, 「서울 탕춘대성의 축조과정」, 『향토서울』 80, 2012, 50~51쪽).

2 홍지문과 오간수문 구간

탕춘대성의 성문인 홍지문과 수문인 오간수문이 위치한 이 구간은 탕춘대성 중 가장 낮은 지역이다. 현재의 홍지문은 1920년대 초반 홍수로 문루가 무너진 것을 1976~1977년에 홍제천(弘濟川, 沙川) 방향으로 약 4.8m 이전 복원한 것이다. 복원된 성문에는 정면 3칸, 측면 2칸으로 12평 규모의 문루(門樓)를 갖추었다.[3] 홍지문 옆 홍제천에 설치된 5개의 홍예 수문은 오간수문(五間水門)인데 수문의 상부에는 성벽 바깥쪽으로 여장이 설치되어 있다.[4] 홍지문과 오간수문 양쪽에는 좌성(左城)과 우성(右城)으로 불리는 성벽이 위치하고 있다.

3. 홍지문 육축(陸築)은 가로 18m, 세로 7.3m 높이 5.2m이고, 북쪽은 오간수문에 연결하였으나 남쪽은 부득이 육축의 등성계단(登城階段) 없이 절단 형식으로 복원하였다. 문루는 단층으로 정면 3칸(9.39m), 측면 2칸(4.02m)의 우진각지붕이다(앞의 글, 2012, 47쪽).
4. 오간수문 혹은 오간대수문(五間大水門)이라고도 불린다. 수문의 규모는 길이 27.28m, 폭 6.8m, 높이 5.23m, 수구 폭 3.76m, 수구 높이 2.78m이다. 수문 위 외벽에는 8타의 여장을 설치하였는데, 한 타의 길이는 3.3m, 폭 0.9m, 높이 1.1m이다(앞의 글, 2012, 48쪽).

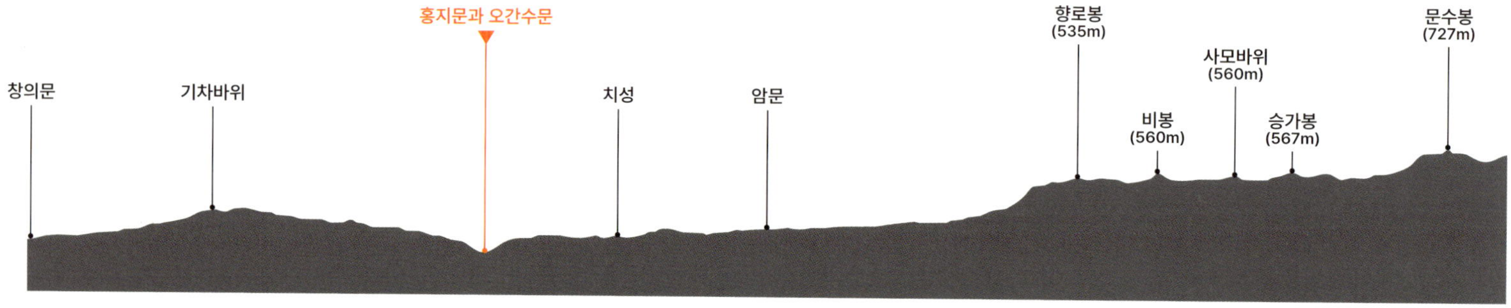

3 북한산 남측 구간

오간수문~향로봉

북한산 남측 구간은 홍제천을 건너 북한산 능선으로 이어지는 지역이다. 북한산으로 이어지는 능선의 외측은 가파른 경사면이고 내측은 완만하며 탐방로가 조성되어 있다. 일부 평평한 지역은 밭 등으로 개간되어 있기도 하다. 오간수문을 지나서 성벽이 서쪽으로 급격히 휘어지는데, 이 지역에는 민가와 밭 등이 조성되어 있어 통행이 어렵다. 이 구간은 1976~1977년 복원공사를 통해 일부 체성을 보강하고 여장을 복원하였다. 체성에 사용된 면석의 모양과 크기는 방형에 가까우며 바른층쌓기로 되어 있다. 성벽의 높이는 약 2m에서 5m로 지형에 따라 다양하게 나타난다. 구간의 중간지점에는 치성 1개소가 설치되어 있으며, 원형이 잘 유지된 암문 1개소와 수구(水口) 2개소가 설치되어 있다.[5]

5. 돌출부에서 북쪽으로 1,278m의 거리에 평거식(平据式)으로 된 암문 1개소가 설치되어 있다. 이 지점은 북벽의 중간지점에 해당된다. 장방형의 잘 가공된 무사석(武砂石)으로 축조하였으며, 통로의 외부 폭 1.95m, 내부 폭 2.64m, 높이 1.84m, 통로 길이 2.46m이다. 상부는 3m 내외의 장대석을 여러 장 덮어 천장을 구축하고 그 위에 여장을 축조하였으나 현재는 여장 기초 1단만 남아 있다. 문짝을 달았던 문확석(門確石)이 남아 있고 좌우 측벽에는 장군목(將軍木)을 끼웠던 방형의 구멍도 남아 있다. 면석 사이에는 면석들의 수평을 잡기 위해 쐐기돌을 사용하였다. 또 그랭이질을 하여 견고성을 높인 면석들도 있다. 성벽의 바닥에는 지대석을 사용하지 않은 곳도 있지만, 지대석을 사용한 곳은 넓고 납작한 지대석을 놓고 지대석 바깥에서 10~15cm 정도 들여서 체성을 쌓았다. 면석 뒤쪽으로는 일정한 두께를 돌로 뒤채움을 하였다(앞의 글, 2012, 52~53쪽).

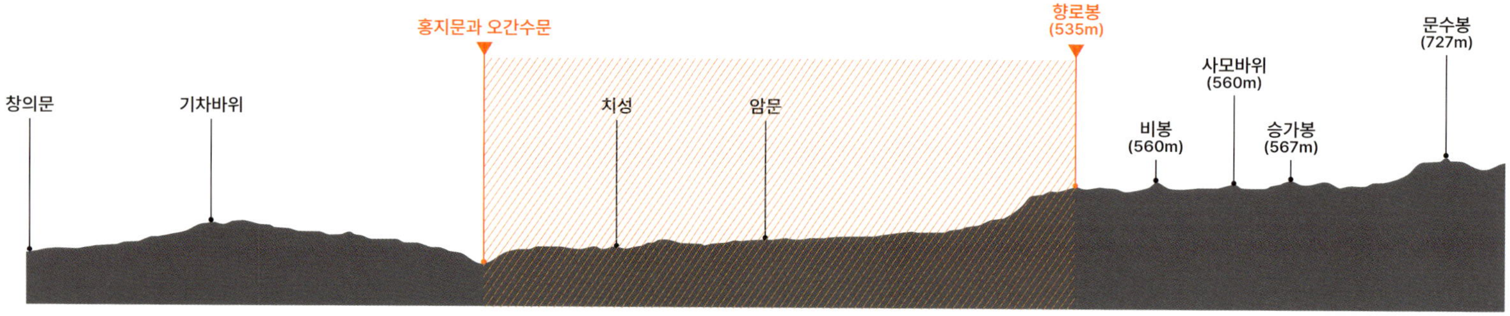

향로봉
성벽 위치
상명대학교

4 북한산 암반 구간
향로봉~보현봉

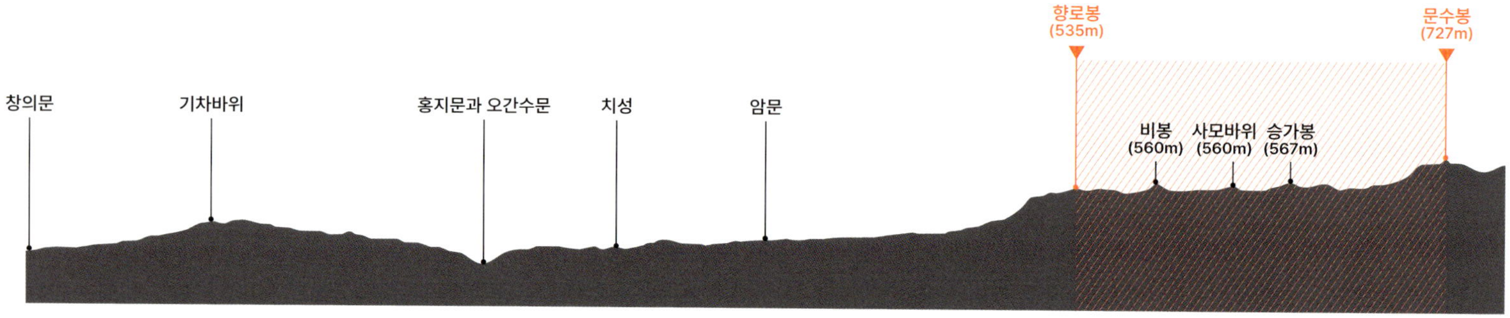

북한산의 암반 구간은 향로봉부터 문수봉까지 이어지는 지역이다. 이 구간에는 성벽이 축성되어 있지 않다. 향로봉부터 가파른 절벽을 지나 비봉, 사모바위, 승가봉, 문수봉으로 이어져서 북한산성과 만난다. 북한산 암반 구간은 성벽 대신 암반을 성벽으로 활용하고 있다.[6] 지형이 가파르고 자연 암반이 형성되어 있어 성벽을 쌓지 않아도 방어의 기능을 수행할 수 있었다. 한양도성과 북한산성에도 자연 암반 구간에는 성벽을 쌓지 않고 지형 지세를 성벽으로 활용하고 있는 구간이 있다.

6. 향로봉 정상으로 통하는 암반 통행로에서 우회하여 동쪽으로 돌아 비봉으로 통하는 분기점이다. 이 북쪽으로는 자연지세를 그대로 활용하였다. 즉 향로봉 남측 분기점에서 향로봉 정상을 통하여 비봉으로 이어지는 약 300m 구간은 가파른 지세로 축성하지 않고 자연 암반을 활용하였다. 또 비봉과 북한산성 남대문 구간 역시 급경사를 이루고 있어 굳이 성벽을 축조하지 않아도 성벽의 역할을 할 수 있는 자연 지형을 이루고 있다(앞의 글, 2012, 52쪽).

조선 후기
탕춘대성의 축성과 관리

II

탕춘대성은 한양도성과 북한산성 사이에 위치하는 성곽으로 유사시 한양도성의 북서쪽으로 침입하는 적을 차단하여 도성민들이 북한산성으로 안전하게 이동할 수 있도록 계획되었다. 또한 탕춘대(蕩春臺)의 창고를 보호하는 기능을 담당하였다. 조선시대 숙종은 임진왜란과 병자호란 이후 한양도성에 대한 대대적인 개축 공사(1704~1710년)를 시행한 뒤 연이어 북한산성(1711년)과 탕춘대성을 축성하였다.

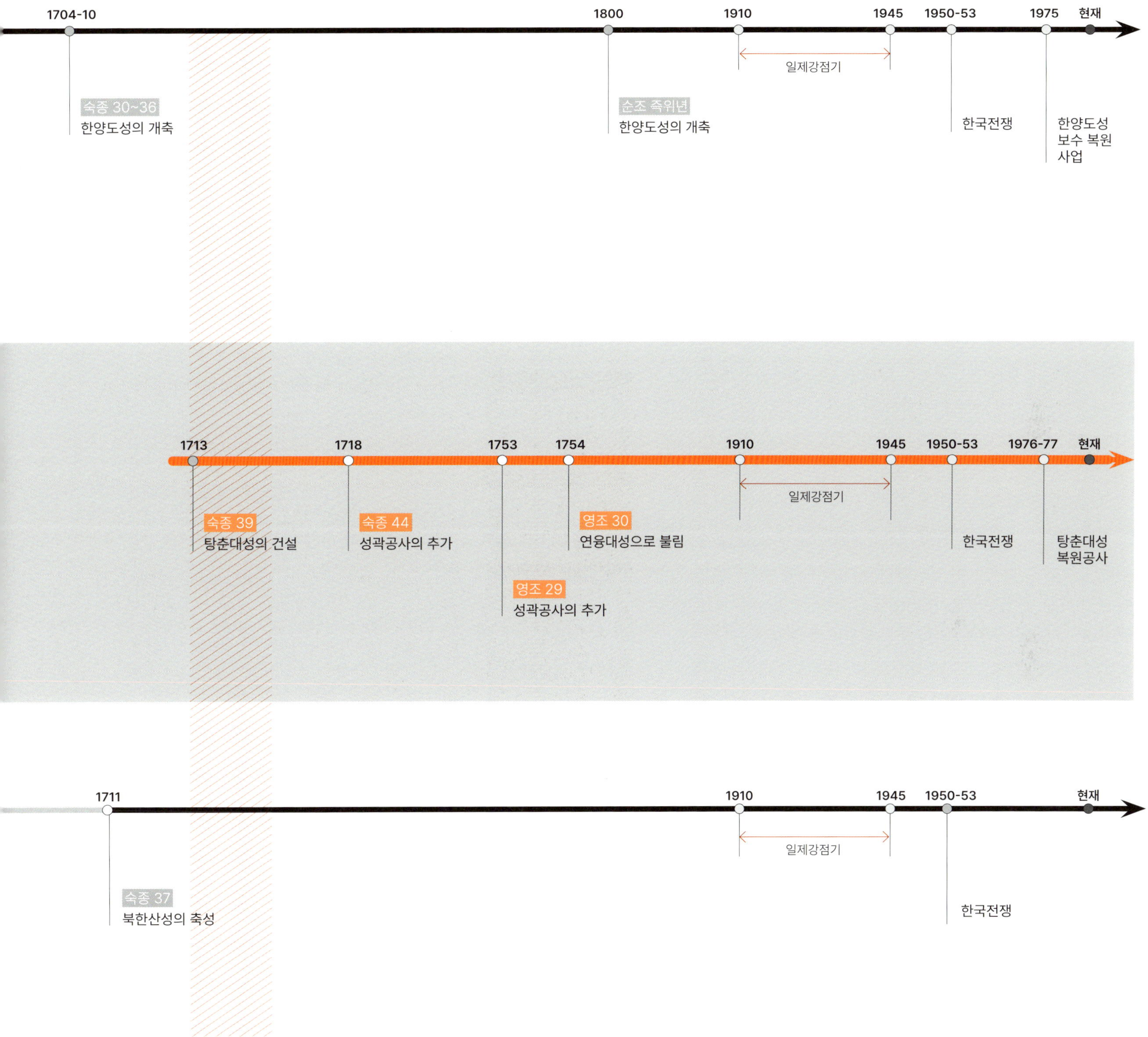
1704-10
숙종 30~36
한양도성의 개축
1800
순조 즉위년
한양도성의 개축
1910
1945
일제강점기
1950-53
한국전쟁
1975
한양도성
보수 복원
사업
현재
1713
숙종 39
탕춘대성의 건설
1718
숙종 44
성곽공사의 추가
1753
영조 29
성곽공사의 추가
1754
영조 30
연융대성으로 불림
1910
1945
일제강점기
1950-53
한국전쟁
1976-77
탕춘대성
복원공사
현재
1711
숙종 37
북한산성의 축성
1910
1945
일제강점기
1950-53
한국전쟁
현재

1 숙종대 탕춘대성의 축성 논의와 공사의 시작

탕춘대성 축성에 대한 논의가 시작된 것은 1702년(숙종 28) 8월이었다. 우의정 신완(申玩)은 숙종에게 탕춘대 지역의 험준한 산세에 대하여 언급하면서 탕춘대성 축성에 관한 상소문을 올렸다. 산세를 따라 치성을 쌓고 곡식과 무기를 두면 나라에 급박한 사태가 있어도 달아나지 않아도 된다는 이유였다.[7] 신완은 유사시 북한산성과 연합해야 한다는 주장과 탕춘대성을 쌓아서 도성과 도성 밖의 성이 표리(表裏)를 이뤄야 한다고 주장하였다. 이는 탕춘대를 유사시 피난처가 아니라 도성의 외성으로써 바라본 것이다.[8] 신완은 이후에도 병조판서 이유(李濡)와 함께 창의문 밖 성기(城基)를 살펴보고 지도를 그려 올리면서 탕춘대성의 축성을 적극적으로 주장하였다.[9]

이후 1711년(숙종 37)에 북한산성이 건설되자 탕춘대성 축성이 다시 논의되었다.[10] 1712년(숙종 38) 영의정 이유(李濡)는 숙종에게 상소문을 올려 탕춘대성을 축조하고 북한산성과 탕춘대성을 도성의 외성(外城)으로 삼고자 건의하였으나 실행되지 못했고, 1713년(숙종 39) 탕춘대에 세워질 창고를 보호하기 위한 명목으로 탕춘대성의 축성을 다시 건의하였다.[11] 이에 1713년 탕춘대에 창고를 짓기 시작하였고, 한북문(漢北門, 현 홍지문) 및 좌우 익성(翼城)에 대한 축성이 시작되었다.[12]

1714년(숙종 40)에는 북한산성의 배후 창고와 선혜청 창고가 조성되었다. 1715년(숙종 41) 3월 수문 공사가 시작되었고,[13] 같은 해 6월에 성문을 비롯하여 수문과 좌우 익성에 대한 공사가 마무리되었다. 한북문 홍예 안 통로의 6단째 무사석(武砂石)에는 총융청(摠戎廳)에서 성문과 수문 등을 완공한 것에 대한 각자(刻字)가 남아 있다.

> 摠戎營 都廳前水使趙以健 策應折衝趙以雄 水門前僉使申琂 城門前衛將金華瑞浮石前都事鄭光羽 浮石兼左城前萬戶李東芳 運石出身柳昌瑞 拾石兼右城前司果李萬杓 歲在乙未六月 日書 石手邊首嘉善金逸文

7. 『숙종실록』 37권, 숙종 28년 8월 11일 경인 3번째 기사
8. 정해은, 「탕춘대성 축성과 한양도성 배후 산성의 역할」, 『탕춘대성 사적 승격을 위한 학술 심포지엄 자료집』, 2022, 9쪽
9. 『숙종실록』 37권, 숙종 28년 10월 5일 임오 1번째 기사
10. 북한산성의 축성 논의는 1685년(숙종 11)부터 시작되었으나 청나라와의 약조에 따라 조선 내 관방시설을 마음대로 설치하지 못하다가 1710년에 이르러 청나라의 해적 토벌을 계기로 북한산성의 축성이 결정되었다.
11. 『비변사등록』 65책, 숙종 39년 3월 18일 기사
12. 현재까지 한북문과 수문, 좌우 익성이 완성된 시기는 1715년(숙종 41)으로 알려져 있었다. 이는 당시 축성을 담당한 감독관의 이름과 시기(乙未年)가 한북문의 각자(刻字)에 남아 있기 때문이다. 그러나 『만기요람(萬機要覽)』, 『총위영사례(摠衛營事例)』, 『동국여지비고(東國輿地備考)』 등 다수의 사료에 1713년(숙종 39)에 축성되었다는 기록이 남아 있다. 따라서 한북문 등의 공사는 탕춘대에 창고 시설이 건설된 1713년에 착공하여 1715년에 준공했거나, 또는 1713년에 시작된 공사가 중단되었다가 1715년에 다시 재개되어 완성되었다고 추정해 볼 수 있다.
13. 『비변사등록』 68책, 숙종 41년 3월 11일 기사

14. 입술이 없으면 이가 시리다는 의미로 서로 분리할 수 없는 밀접한 관계라는 뜻
15. 『숙종실록』 56권, 숙종 41년 12월 2일 갑자 2번째 기사
16. 『비변사등록』 71책, 숙종 44년 11월 08일 기사
17. 『숙종실록』 62권, 숙종 44년 12월 18일 신유 1번째 기사
18. 『숙종실록』 63권, 숙종 45년 2월 2일 을사 3번째 기사

성문에 남아 있는 각자

북한산성 축조 때와 마찬가지로 탕춘대성의 축성에도 찬반의 논의가 있었다. 반대의 이유는 유사시 탕춘대 일대가 위험에 처하면 순치지세(脣齒之勢)[14]의 형세인 북한산성이 위험해지고 이는 도성의 위험으로 이어진다는 것이었다.[15] 1718년(숙종 44) 공사를 다시 시작하여 오간수문 북쪽에서 향로봉(香爐峯)까지 구간 중 체성 2천 2백 보(步)를 완성하였으나,[16] 조정 대신들의 계속된 반대와 기근(飢饉), 여역(癘疫, 전염병) 등으로 더 이상 공사가 진행되기 어려웠다.[17] 이에 이듬해인 1719년(숙종 45) 축성 공역은 중지되었다.[18]

2 영조대의 탕춘대성 축조

조선시대에는 전란이 발발하면 도성 밖 보장처(保障處)로 피난하는 것이 일반적 전략이었다. 그러나 영조는 이전의 국가 방어전략에서 벗어나 도성 수비에 집중하면서 도성을 지키겠다는 의지를 보였다. 1751년(영조 27) 반포된 『수성절목(守城節目)』과 『수성윤음(守城綸音)』에는 영조의 도성 수비의 의지가 잘 나타나 있다. 한양도성 중심으로 도성 수비체제가 변화함에 따라 북한산성과 함께 탕춘대성이 다시 주목받았다. 1728년(영조 4) 무신란(戊申亂)이 일어났을 때 영조는 탕춘대에 군사를 이끌고 가서 진을 치도록 하였고,[19] 이 과정에서 북한산성과 탕춘대성은 도성을 지키는 성곽으로 재평가되었다. 1743년(영조 19) 영조가 도성의 수축을 삼군문(三軍門)에 지시하면서 탕춘대성의 축조 논의 또한 본격화되었다.

도성의 보수가 일단락된 후인 1747년(영조 23), 영조는 기존에 탕춘대성을 관리하던 경리청(經理廳)을 없애고 총융청의 영사(營舍)를 탕춘대로 옮기게 하였다.[20] 경리청 소속이었던 창고도 총융청으로 바뀌었고 북한산성의 삼군문 유영(留營)에 있는 군향(軍餉)과 군기(軍器)도 함께 총융청으로 이속(移屬)되었다. 북한산성과 탕춘대 일대를 총융청에서 주관하도록 함으로써 경기 남부는 수어청이 주관하고 경기 북부는 총융청이 주관하도록 경기의 방어체제를 개편한 것이다. 이로써 탕춘대 일대는 군사적으로 더욱 중요하게 되었다.

1753년(영조 29) 2월, 이전 공사 부분을 이어서 탕춘대성을 다시 쌓은 공역이 시작되었다.[21] 같은 해 10월까지 수문 북쪽에서 향로봉까지 체성 1,263보와 암문 1곳을 쌓았는데, 그중 새로 쌓은 체성이 659보, 숙종대의 성벽에 추가로 쌓은 부분이 604보였다.[22] 여장을 미처 쌓지 못한 채 중지되었던 공사는 이듬해인 1754년(영조 30) 4월에 시작되어 9월에 끝났다.[23] 전년에 쌓은 체성 위에 여장을 쌓고 성벽에 대한 보강공사를 진행하였으며, 그 결과 2년에 걸쳐서 한북문 서쪽에서 향로봉까지 2,400보에 대한 역사가 마무리되었다.[24] 또한 한북문 남쪽에서 인왕산 도성 밑까지 1,400보의 구간에 대한 공사

19. 『영조실록』 16권, 영조 4년 3월 24일 갑술 5번째 기사
20. 『영조실록』 65권, 영조 23년 5월 6일 을미 2번째 기사
21. 『승정원일기』 1091책, 영조 29년 2월 14일 기사
22. 『승정원일기』 1099책, 영조 29년 10월 2일 기사
23. 『승정원일기』 1105책, 영조 30년 4월 13일 기사
24. 『비변사등록』 127책, 영조 30년 9월 1일 기사

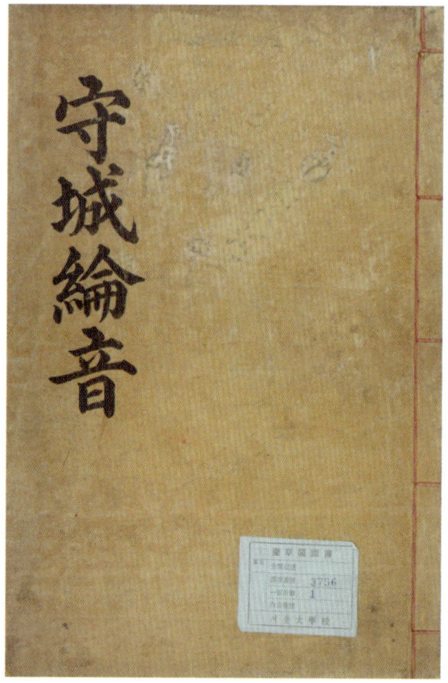

『수성윤음(守城綸音)』, 1751년,
© 서울대학교 규장각한국학연구원

도 함께 진행되었으나 물력 부족 등의 이유로 체성과 여장 50보만을 쌓고 중지되었다.

탕춘대성이 완성되면서 단순한 도성 밖 지역이던 탕춘대 일대는 성벽을 경계로 내, 외로 구분되었고 성의 내부가 하나의 공간이 되었다. 성 내 공간이 하나의 독자적인 공간으로 묶이게 된 것이다.[25] 탕춘대성을 쌓는 역사가 일단락되자 영조는 1754년(영조 30) 9월 2일 탕춘대의 명칭을 연융대(鍊戎臺)로 바꾸어[26] 군사지역으로서 이곳의 성격을 분명히 나타내고자 했다.

본래 탕춘대성은 '탕춘대(蕩春臺)'에서부터 이름이 유래되었는데, 연산군(燕山君, 재위 1494~1506)이 연희를 즐기기 위해 조성한 공간의 명칭이었다. 이미 총융청이 진출하였고, 공간적 성격도 군사적으로 변하였기 때문에 이름을 탕춘(蕩春)에서 군사력을 단련한다는 의미의 연융(鍊戎)으로 바꾼 것이다.[27]

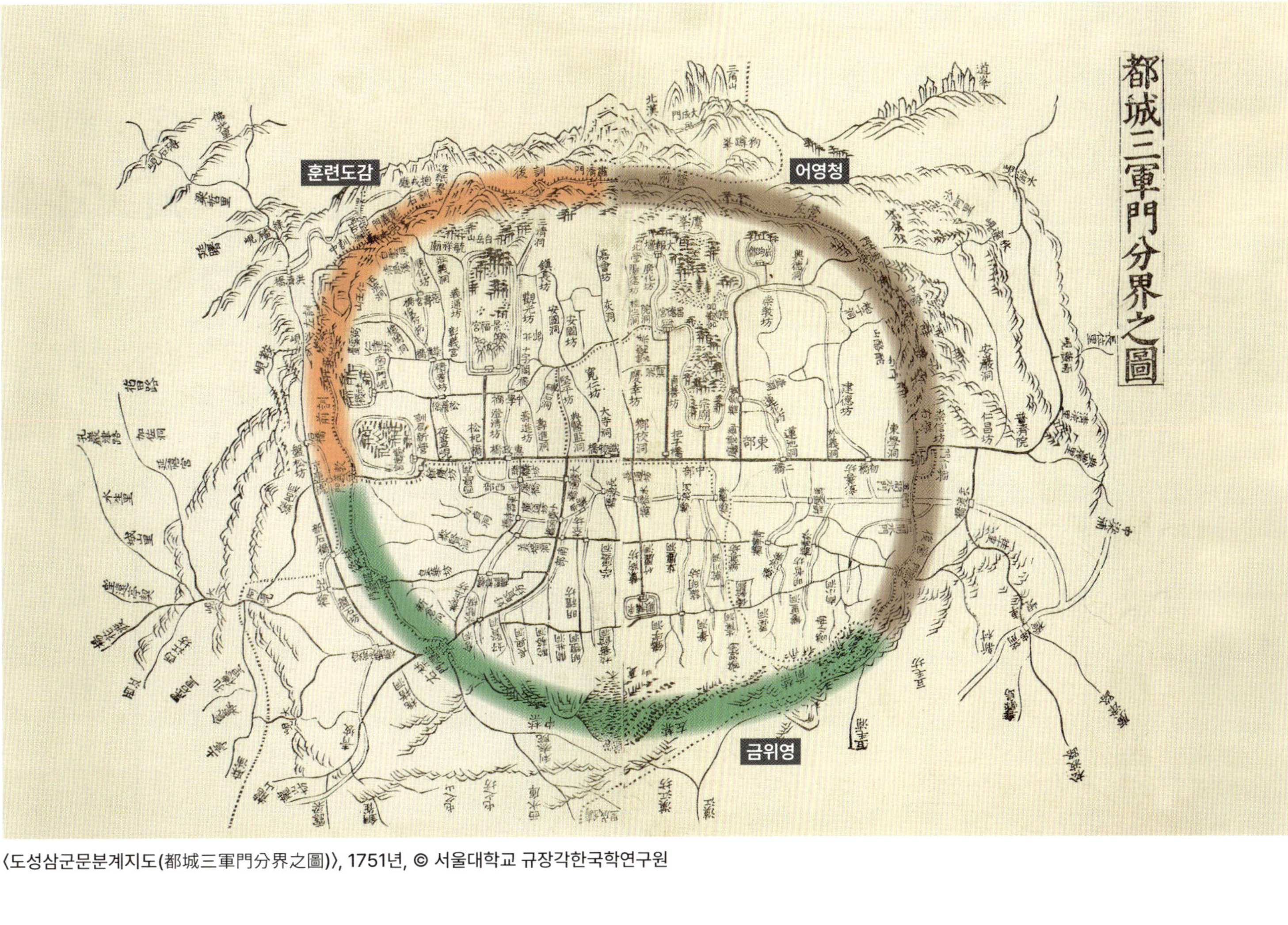

〈도성삼군문분계지도(都城三軍門分界之圖)〉, 1751년, © 서울대학교 규장각한국학연구원

25. 서울역사박물관, 서울기획연구 6『한양의 삼군영』, 2019년, 88쪽
26. 『영조실록』 82권, 영조 30년 9월 2일 무인 2번째 기사
27. 『승정원일기』 1111책, 영조 30년 9월 2일 기사

3 조선 후기 수도방위체계의 구축

탕춘대성의 건설로 도성과 북한산성이 물리적으로 연결되면서 한양도성~탕춘대성~북한산성으로 이어지는 견고한 수도방위체계가 완성되었다.

탕춘대성은 도성과 북한산성을 연결할 뿐만 아니라 안현(鞍峴)[28]을 통해 한양으로 들어오는 주요 길목을 조망할 수 있는 지리적 이점을 가지고 있었다.[29] 또한 유사시 도성의 물자를 북한산성으로 옮겨야 할 상황에 대처하기 위한 시설이기도 했다. 즉 탕춘대성의 축성은 북한산성을 보완하기 위한 것으로 유사시 한양도성에서 대피성인 북한산성으로 이동하는 통로를 확보하는 한편, 산성 수비에 필요한 물자를 보관하는 창고를 보호하기 위해 건설되었다.

탕춘대성의 동쪽에는 보현봉(普賢峰), 형제봉(兄弟峰), 구준봉(狗蹲峰)으로 이어지는 능선이 위치하는데, 탕춘대성의 축성 당시 성곽 건설에 대한 논의가 있었으며 흙으로 쌓았다는 기록이 남아 있다.[30] 탕춘대성과 동쪽의 험준한 산악지역의 능선으로 둘러싸인 지역(현재의 신영동과 평창동 일대)에는 선혜청(宣惠廳) 창고와 군량 창고인 상·하 평창(平倉) 등이 설치되었다.

한양도성~탕춘대성~북한산성의 수도방위체계가 완성됨에 따라 북한산성과 탕춘대성은 보장처가 아닌 도성 방어를 위한 유력 거점으로 자리 잡게 되었다. 삼군영을 중심으로 한 도성수비체제의 물적 기반이 정비된 것이다.[31]

28. 안현은 현재의 현저동, 홍제동 지역이다.
29. 서울역사박물관, 서울기획연구 6『한양의 삼군영』, 2019년, 66쪽
30. 『비변사등록』 146책, 영조 40년 11월 16일 기사
31. 위의 책, 2019년, 67쪽

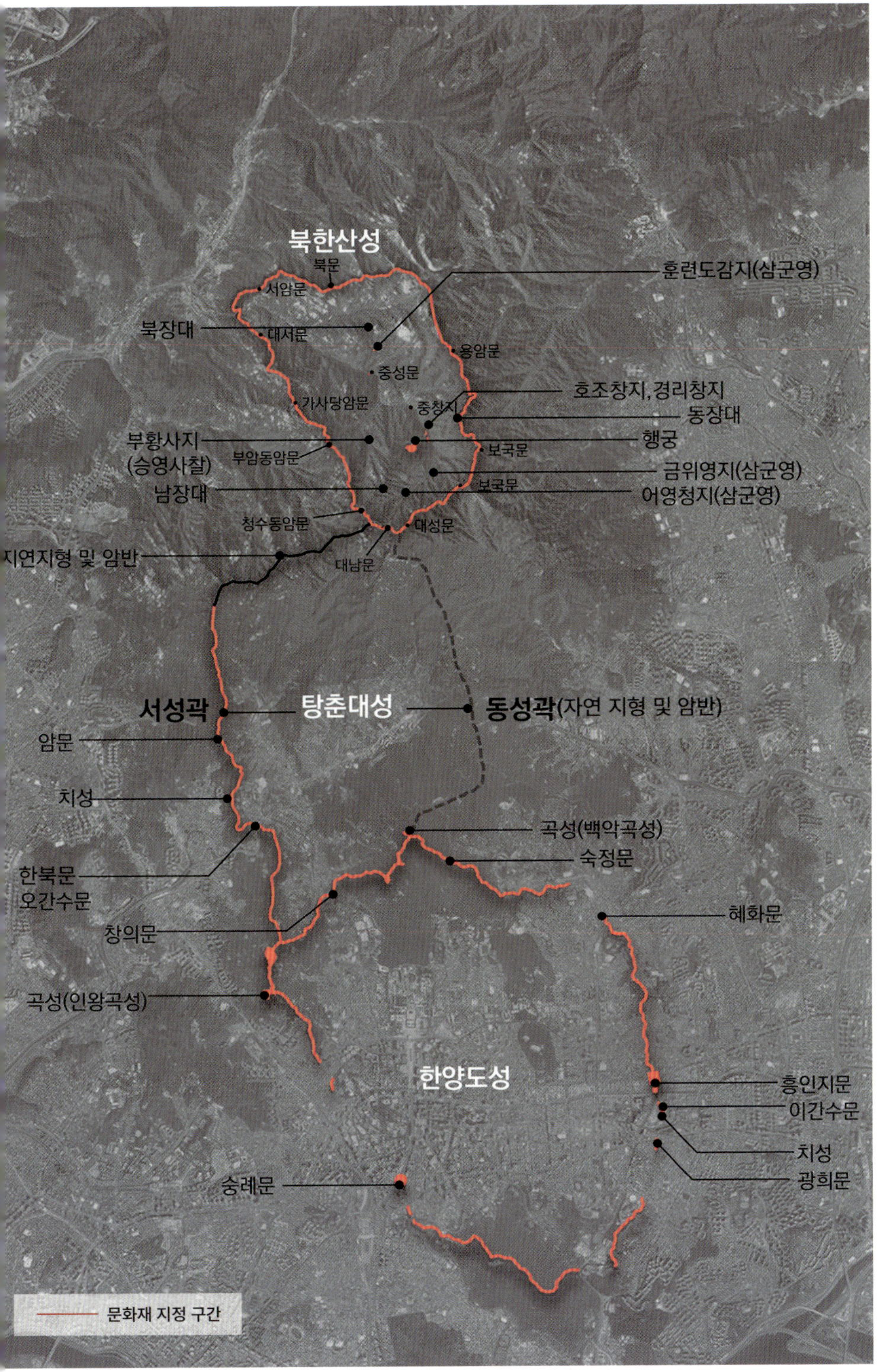

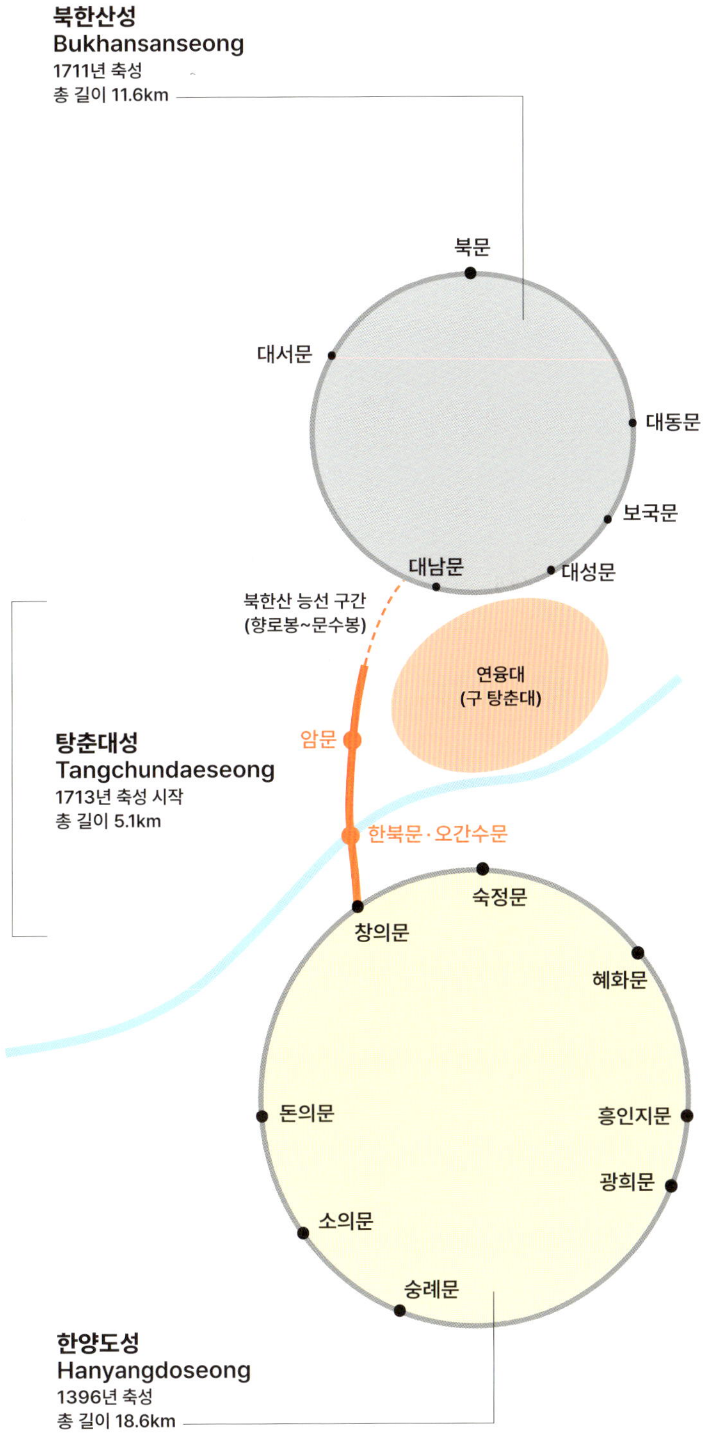

북한산성~탕춘대성~한양도성의 관계

홍지문(弘智門)[32] 명칭에 대한 고찰

탕춘대성의 성문인 한북문은 현재 시도유형문화재에 '홍지문 및 탕춘대성(弘智門 및 蕩春臺城)'이라는 명칭으로 등록되어 있다. 일반에는 숙종이 친히 '홍지문' 현판을 써서 걸었다는 내용으로 알려져 있다. 하지만 이에 대한 근거는 부족한 실정이다. 이에 대한 지금까지의 연구 동향은 다음과 같다.

① 기호철의 연구[33]

현재의 한북문은 1921년 홍수에 오간수문과 같이 허물어진 것을 1977년에 복원하였고 박정희 전 대통령이 쓴 '홍지문' 현판이 걸려 있다. 그런데 이 홍지문이라는 이름은 찾을 수 없다. 모든 기록은 한북문으로 나타나며 그 건립시기도 정확하지 않다. 문헌에서 찾을 수 있는 한북문에 대한 가장 정확한 기록은 『총위영사례(摠衛營事例)』 권3 「공해(公廨)」 한북문 조인데 이에 따르면 숙종 39년(1713)에 한북문을 고쳐 지었다고 하였으니 이전에도 문이 있었다는 해석을 하고 있다. 그간에는 숙종 41년에는 한북문이 아닌 좌우 익성을 쌓았다는 것 또한 알 수 있음을 확인하였다. 또한 문루에는 인조가 1672년 10월 3일에 지은 시를 새긴 현판이 걸려 있었는데, 이때 인조가 직접 한북문이라는 명칭을 지었다는 점을 확인하였다.

현재 한북문과 함께 사용하고 있는 홍지문이라는 명칭은 조선시대 문헌자료와 시각자료에서도 찾을 수 없으며 언제부터 이 단어가 쓰였는지 그 이유가 무엇인지에 관해서도 전혀 알 수가 없다. 홍지문이라는 단어는 1900년 이후에 갑자기 등장하기 시작한 단어이다.

정약용이 작성한 『경세유표(經世遺表)』에 "후시부(後市部) 8방은 모두 지(智)자로 부른다. 서쪽 3방은 광지방(廣智坊)·계지방(啓智坊)·양지방(養智坊)이라 하고, 동쪽 3방은 대지방(大智坊)·현지방(顯智坊)·홍지방(弘智坊)이라고 하며, 오른쪽 1방은 익지방(益智坊), 왼쪽 1방은 영지방(永智坊)이라 한다[왼쪽 1방과 오른쪽 1방은 모두 개방하지 않으며 3간을 연달아, 그 길이를 합쳐서 한 방으로 한다]."라고 홍지(弘智)라는 단어가 처음 등장하는 것이라는 것을 확인하였다. 그러나 이러한 사료를 통해 홍지문이라는 단어가 어떻게 유래되었는지 명확한 파악하기 어렵다.

② 민덕식의 연구[34]

영조 24년 3월에 경현당에서 종묘제조 등을 인견할 때 영조는 무장들이 현판의 규례를 잘 몰라서 한북문의 어제현판이 잘못 달렸으니 바꾸어 달도록 교간관에게 분부하라고 명하였는데,[35] '어제현판'이 숙종이 쓴 "弘智門"이라는 현판이 아닌가 싶다.

③ 홍지문이라는 명칭의 사용

현재까지 홍지문이 문헌에 처음 등장하는 것은 1900년 황성신문이다. 광고에 "홍지문 밖 옥천동"이라는 단어가 나타난다. 당시의 신문 기사를 보면 한북문과 홍지문이라는 단어가 혼용되어 사용되고 있음을 알 수 있다.

32. 홍지문은 2022년 현재 등록된 한북문의 유산명칭이다. 본 보고서에서는 광복 전후를 기준으로 그 이전 시기는 한북문, 이후 시기는 홍지문으로 표기하였다.
33. 기호철, 「탕춘대성과 홍지문 명칭에 대한 고찰」, 『탕춘대성 사적 승격을 위한 학술심포지엄 자료집』, 2022
34. 민덕식, 「서울 탕춘대성의 축조과정」, 『향토서울』 80, 2012
35. 『승정원일기』 1027책, 영조 24년 3월 10일 기사

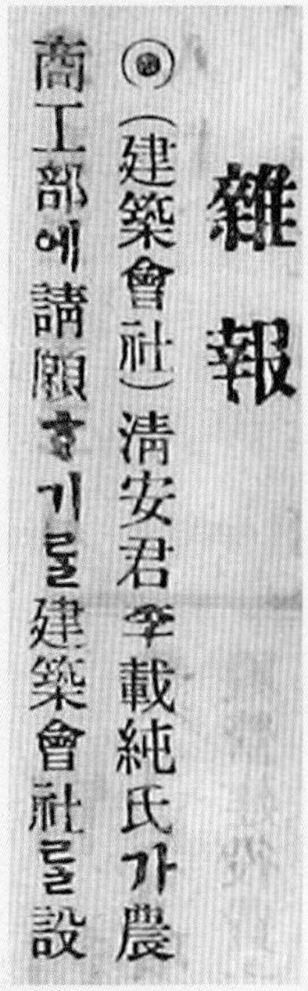

황성신문에 나온 홍지문 명칭(출처: 1900년 6월 16일 황성신문)

탕춘대성이 표기된 지도는 18세기 중반부터 나타나기 시작한다. 이는 탕춘대성의 축성 시점과 관련이 있다. 지도를 통해 한양도성에서 뻗어 나온 듯한 탕춘대성의 모습과 도성 북쪽의 북한산성을 확인할 수 있다.

옛 지도 속

탕춘대성

1. 〈한양도(漢陽圖)〉, 1744~1760년

도성 내부의 모습을 중심으로 북쪽으로는 북한산, 남쪽으로는 목멱산까지의 영역을 묘사한 지도이다. 탕춘대성의 한북문과 북한산성의 대성문(大成門)은 확인되지만, 탕춘대성과 북한산성 성곽의 형태는 구체적으로 표현되어 있지 않다.

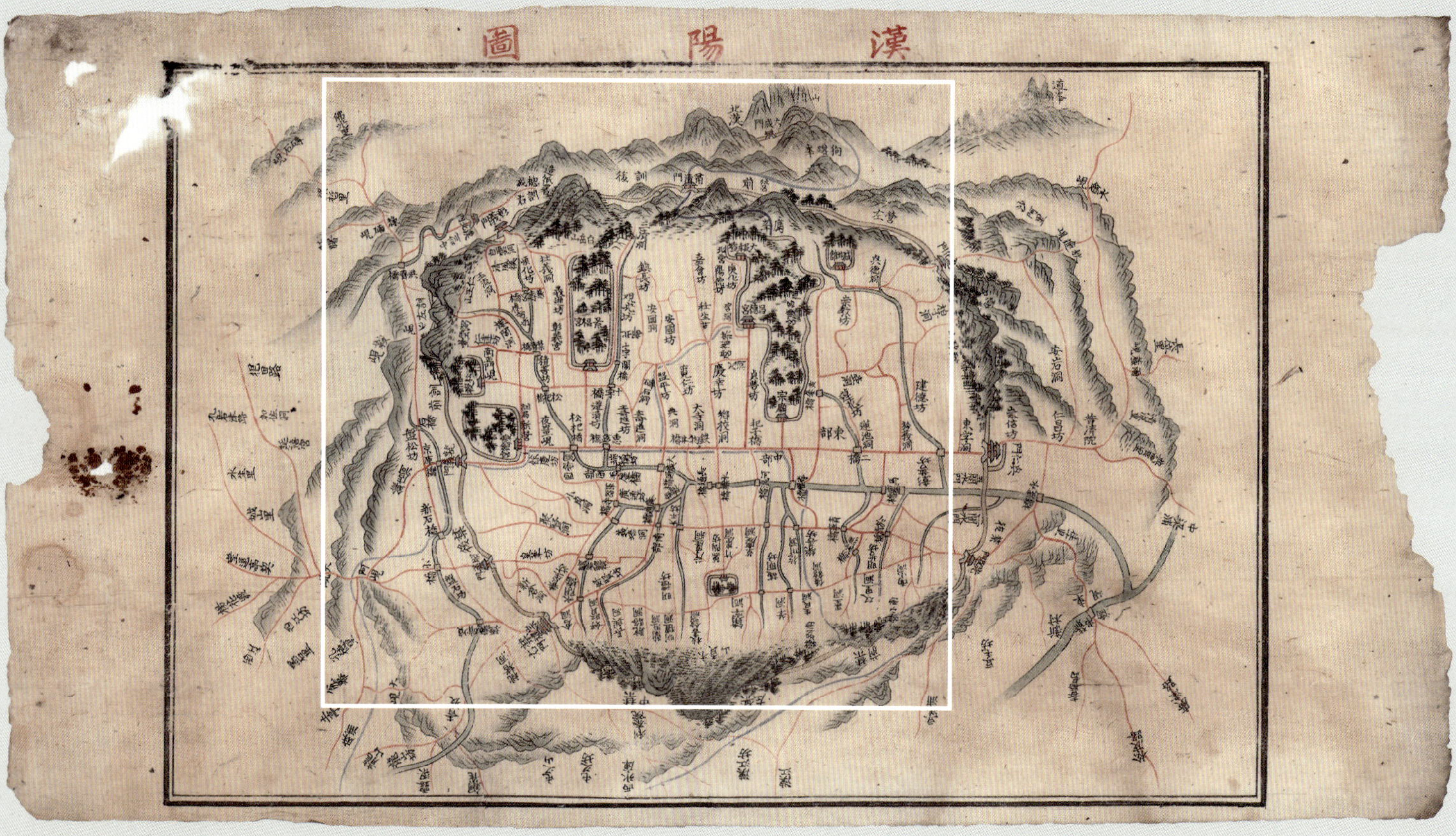

〈한양도〉

北漢
大成門
肅淸門
後訓
右訓
總戎
造紙署
彰義門
白岳山
三淸洞
景福宮
鎭長坊
觀光坊
安國坊
安國洞
嘉會坊
廣化坊
陽德坊
大報壇
昌德宮
昌慶宮
宗廟
宗敎坊
建德坊
蓮池洞
東部
二橋
中部
大寺洞
鄕校洞
寬仁坊
堅平坊
壽進坊
澄淸坊
積善坊
松杞橋
順化坊
義通坊
彰義宮
禁淸橋
仁王山
洪濟橋
訓局新營
慶熙宮
夜照峴
餘慶坊
西部
盤松坊
京庫橋
新石橋
南部
阿峴

2. 〈한양도(漢陽圖)〉, 1764~1776년

도성의 내부뿐만 아니라 도성 밖 한강에 이르는 인근까지를 포함하여 그린 도성도(都城圖)이다. 창의문 뒤편으로 한북문과 탕춘대성 성곽의 모습을 확인할 수 있다. 한양도성에서 뻗어 나온 듯 맞닿아 있는 형태로 표현된 탕춘대성은 북한산 능선을 통해 멀리 도성 북쪽에 자리 잡은 북한산성까지 연결된다.

〈한양도〉

高陽
楊州
佛谷山
恭陵
佛光里
弘朴山
仁壽峯
普賢峯
文秀峯
景福宮
神武門
三淸洞
鎭長坊
安國洞
觀光坊
陽德坊
廣化坊
嘉會坊
順化坊
義通坊
積善坊
寬仁坊
大寺洞
蓮花坊
崇敎坊
興德洞
礡石洞
蓮池洞
敦化門
宗廟
盤松坊

3. 〈한양전도(漢陽全圖)〉, 1780년대

도성 안의 모습을 임금이 바라보는 방향을 기준으로 그린 지도이다. 지도의 북쪽에 목멱(남산)이 위치하고 아래쪽에 북한산이 위치한다. 한북문과 탕춘대성 성곽이 자세하게 표현되어 있으나 북한산성의 모습은 성문과 암문 위치만 간략하게 표현하였다.

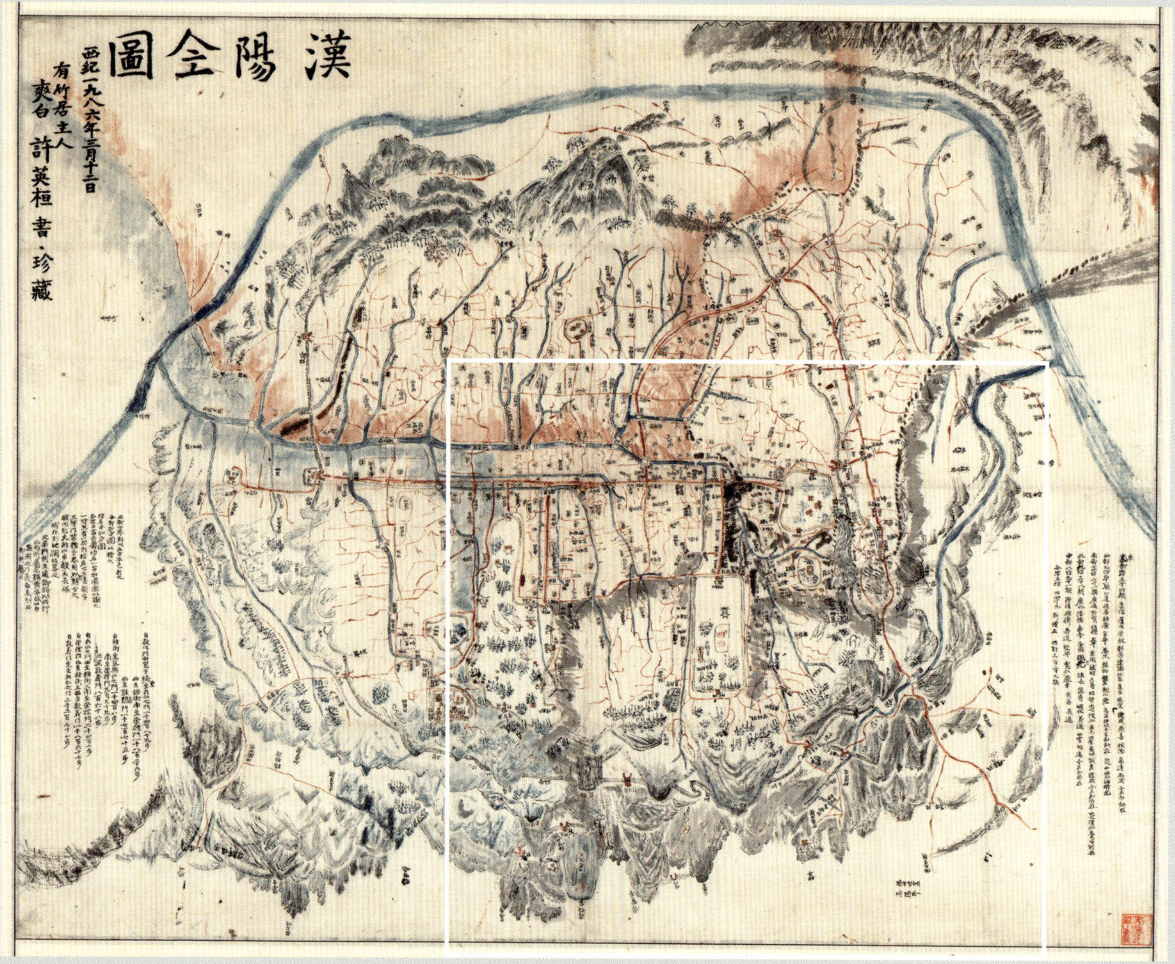

〈한양전도〉

4. 〈도성도(都城圖)〉《여지도(輿地圖)》, 1790년경

1790년경에 제작된 지도로 창의문 밖 인왕산 능선을 따라 위치한 탕춘대성을 확인할 수 있다. 현재의 홍지문은 한북문으로 표기되어있으며, 성 안쪽에 세검정과 탕춘대를 표시하였다. 또한 한북문에서 북한산성까지 연결되는 도로를 붉은 선으로 명확하게 표시하였다.

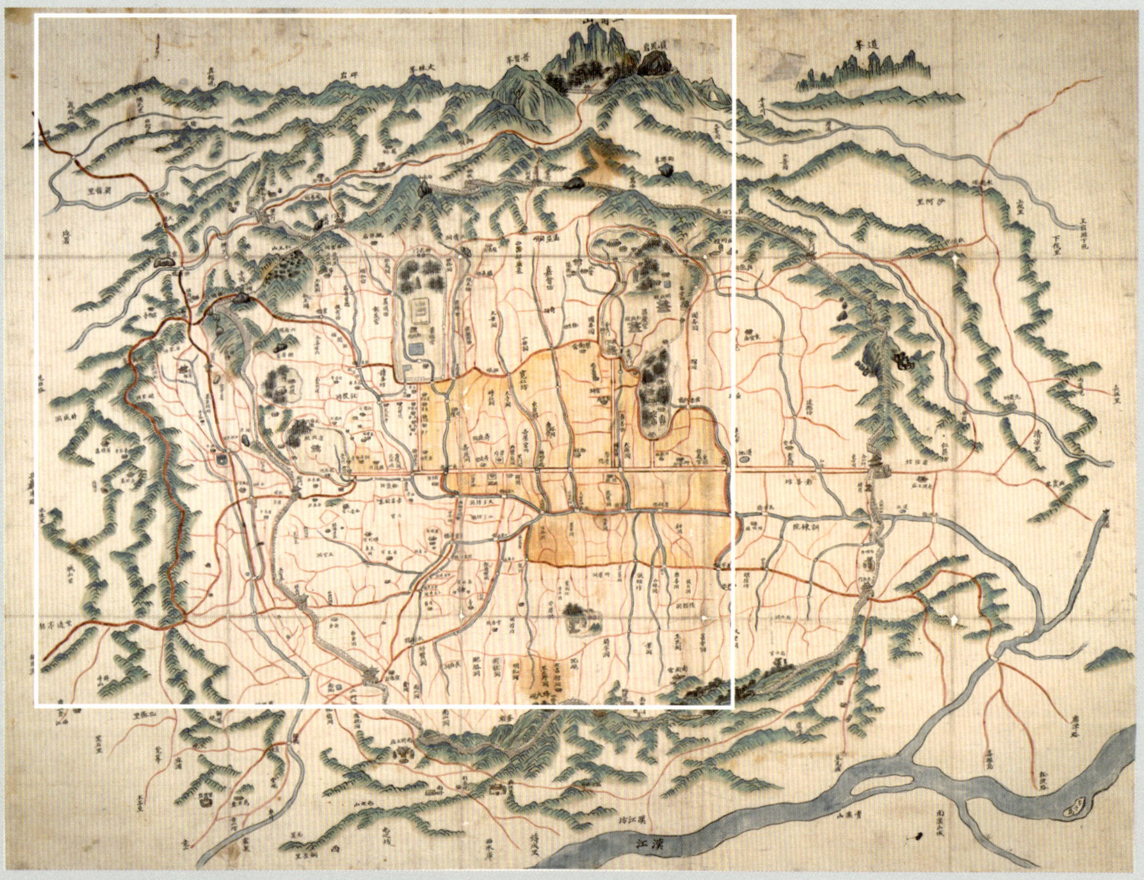

〈도성도〉《여지도》, © 서울대학교 규장각한국학연구원

三角山
북한산성
세검정
탕춘대
한북문
景福宮
宗廟

5. 〈연융대도(鍊戎臺圖)〉《동국여도(東國輿圖)》, 19세기 전반

《동국여도》에는 기존의 지도첩과 달리 조선 후기 도성과 그 주변의 모습을 한 장의 지도에 표현하지 않고 〈도성도(都城圖)〉, 〈연융대도〉, 〈북한성도(北漢城圖)〉, 〈도성연융북한합도(都城鍊戎北漢合圖)〉 등 4장의 지도로 세분해 그린 것이 수록되어 있다. 그중 〈연융대도〉는 창의문 밖 탕춘대성의 모습을 그린 지도이다. 탕춘대성은 '연융서성(鍊戎西城)'이라는 이름으로 표기되어있으며, 불천(佛川, 현재의 홍제천), 한북문, 오간수문 등 성곽 시설물을 표시하였다. 북한산 향로봉(香爐峰)부터 문수봉(文殊峰)에 이르는 구간이 바위 암반으로 묘사되어 있으며 각 봉우리의 이름을 적어 놓았다. 또한 탕춘대성의 동측 내부지역에는 총융청(摠戎廳)과 조지서(造紙署), 세검정(洗劍亭), 창고시설들이 그려져 있어 이 지역에 자리 잡았던 건물의 위치와 형태를 어느 정도 파악할 수 있다. 같은 지도첩에 수록된 〈도성연융북한합도〉에는 한양도성, 북한산성, 탕춘대성이 함께 표현되어 있는데, 각 성곽의 입지와 형태, 지리적 연계성 등이 잘 드러난다.

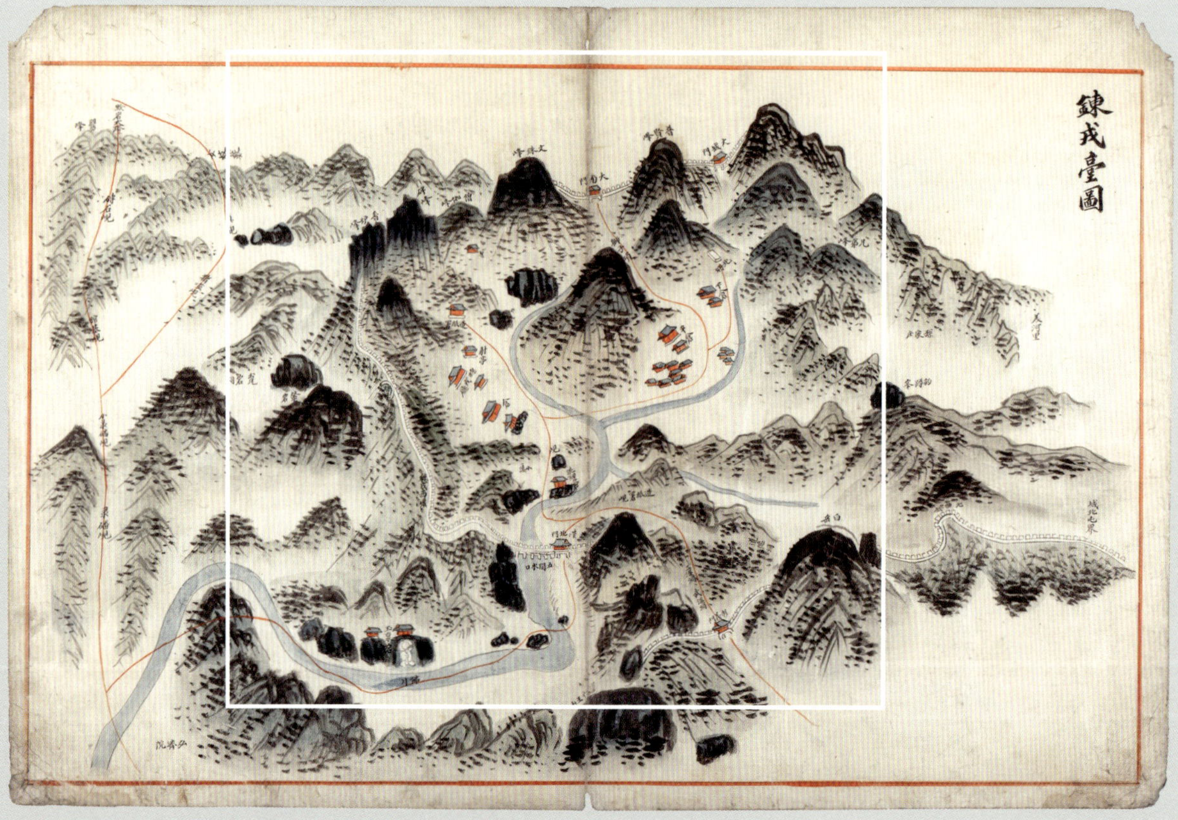

〈연융대도〉《동국여도》, © 서울대학교 규장각한국학연구원

문수봉
보현봉
비봉
향로봉
조지서
평창
총융청
세검정
탕춘대성
(연융서성)
한북문
오간수문

橋峴
老姑峰
西山路
礪峴
昌陵店
磚石峴
梁鉄坪
小碌礴
碌礴峴
淨土
鞍峴
弘济院
曲城
沙川
勝戰峰
臥牛山
東幕
孔德
麻浦
楊花鎭
汝島
龍山
栗島
露梁
銅雀
萬景臺
仁壽峰
白雲臺
元孝峰
暗門
東將臺
大南門
大城門
鍊戎臺
拘蹋峰
白蓮峰
北岳
惠化門

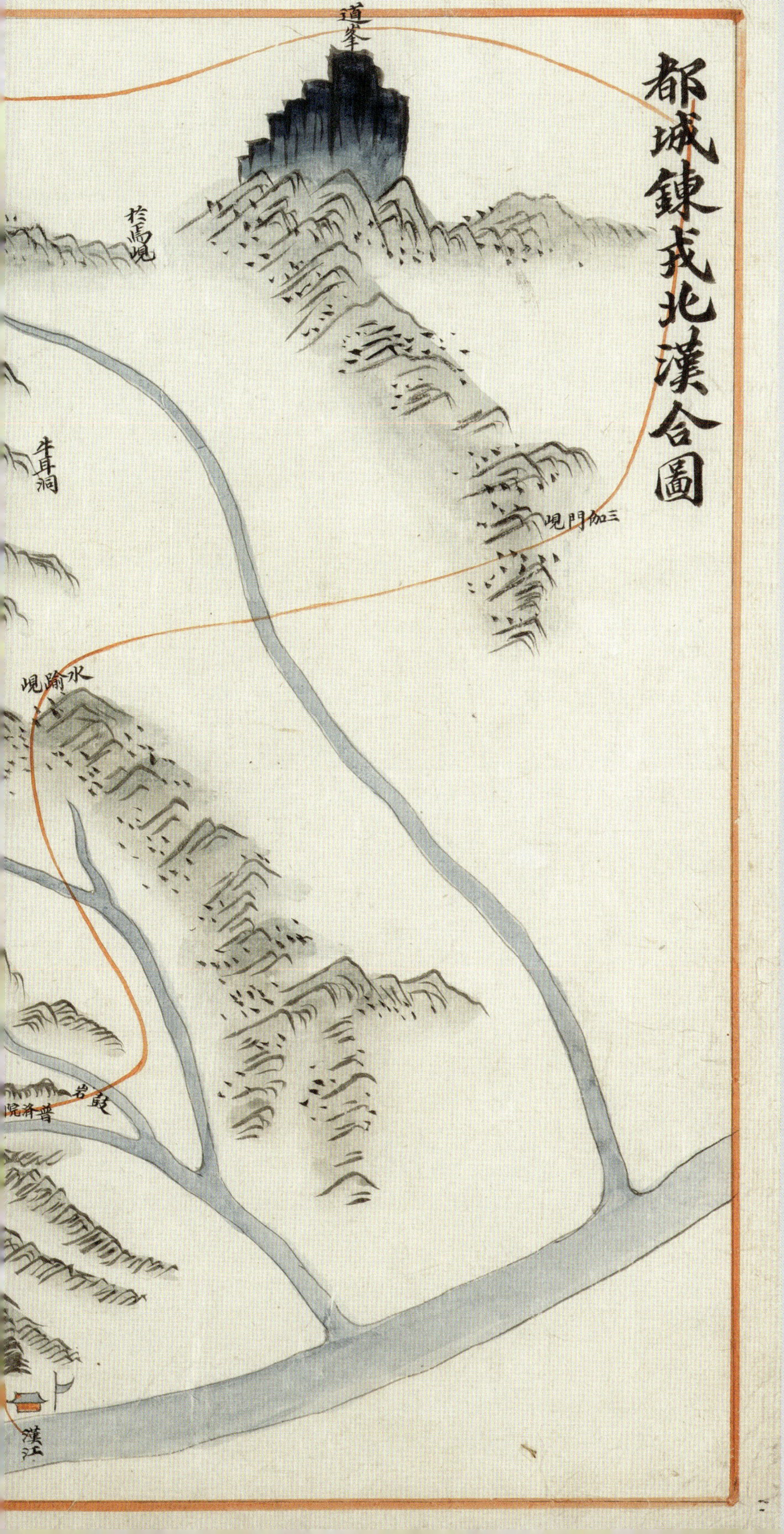

〈도성연융북한합도〉《동국여도》, 19세기 전반, © 서울대학교 규장각한국학연구원

6. 〈연융대도(鍊戎臺圖)〉《좌해여지(左海輿誌)》, 연대미상

일본 교토대학(京都大学) 가와이문고(附属図書館)에서 소장하고 있는 지도로 규장각 소장 《동국여도》와 유사한 자료이다. 지도의 내용으로 추정컨대 순조~철종대에 제작된 것으로 보인다. 그중 〈연융대도〉는 《동국여도》의 〈연융대도〉와 같은 구도로 지형적 특징과 주요 시설물에 대한 정보를 동일하게 표현하였으나 도로의 정보는 생략되어 있다.

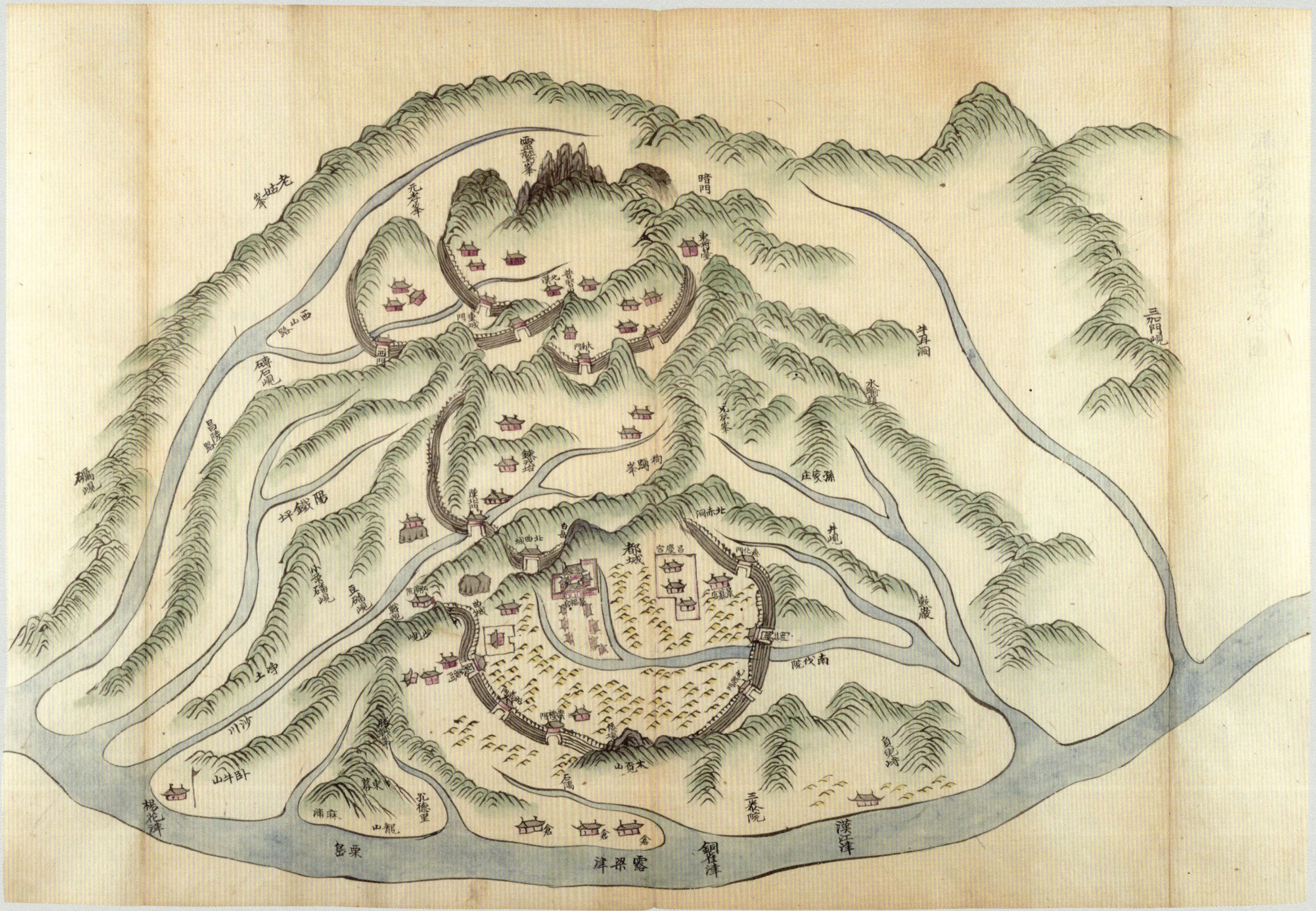

〈연융대도〉《좌해여지》, © 일본 교토대학 가와이문고

오간수문이 없으며 암문은 문루를 갖춘 형태로 묘사되어 있다. 또한 〈도성연융대북한산성합도(都城鍊戎臺北漢山城合圖)〉는 북한산성, 탕춘대성, 한양도성을 한눈에 파악할 수 있게 그린 지도로 《동국여도》의 〈도성연융북한합도〉와 비교해 볼 수 있다.

〈도성연융대북한산성합도〉《좌해여지》, 연대미상, © 일본 교토대학 가와이문고

7. 〈도성도(都城圖)〉《대동여지도(大東輿地圖)》, 1861년

김정호(金正浩)가 제작한 《대동여지도》에 수록된 약 16만분의 1 축척 지도이다. 도로와 주요 시설물 등 도성 안 상황을 중심으로 묘사하고 있는데, 창의문 뒤편으로 이어지는 탕춘대성의 형태와 한북문의 위치 등을 확인할 수 있다.

〈도성도〉《대동여지도》

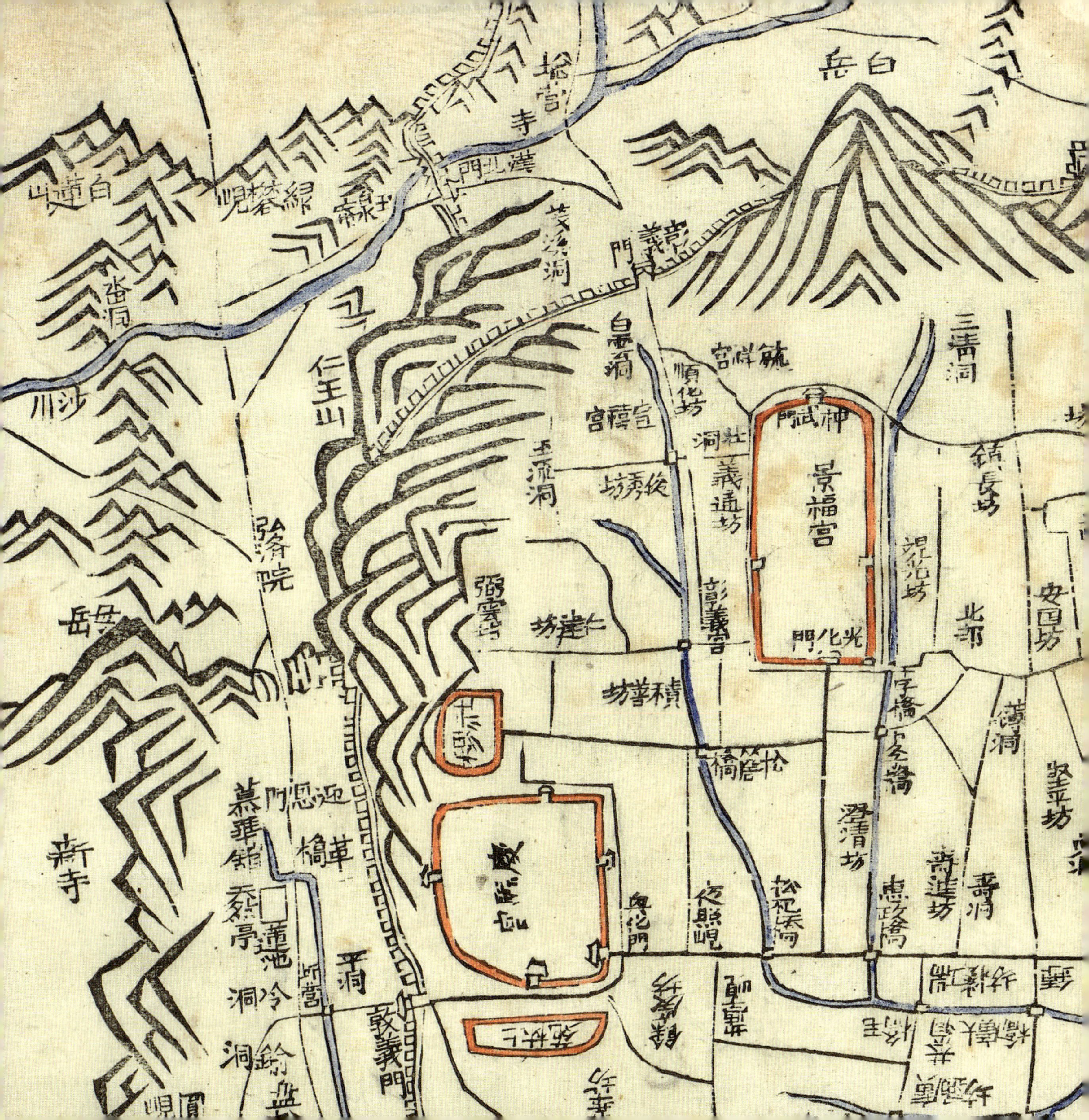
白岳
彰義門
景福宮
神武門
光化門
三清洞
白蓮山
仁王山
沙川
弘濟院
迎恩門
慕華館
草橋
敦義門
積善坊
仁達坊
順化坊
義通坊
彰義宮
北部
安國坊
鎭長坊
觀光坊
澄清坊
壽進坊
惠政橋
松杞橋
夜照峴
平洞
蓮池
壽洞

한편 같은 지도첩에 수록된 〈경조오부도(京兆五部圖)〉는 수도 한양을 둘러싼 산줄기와 개천, 도로망이 자세히 묘사되어 있는데, 남쪽으로는 한강, 북쪽으로는 삼각산(북한산)까지 표현되어 있다. 한양도성과 북한산성, 그리고 그 사이를 연결하는 탕춘대성의 관계를 보여준다.

〈경조오부도〉《대동여지도》, 1861년

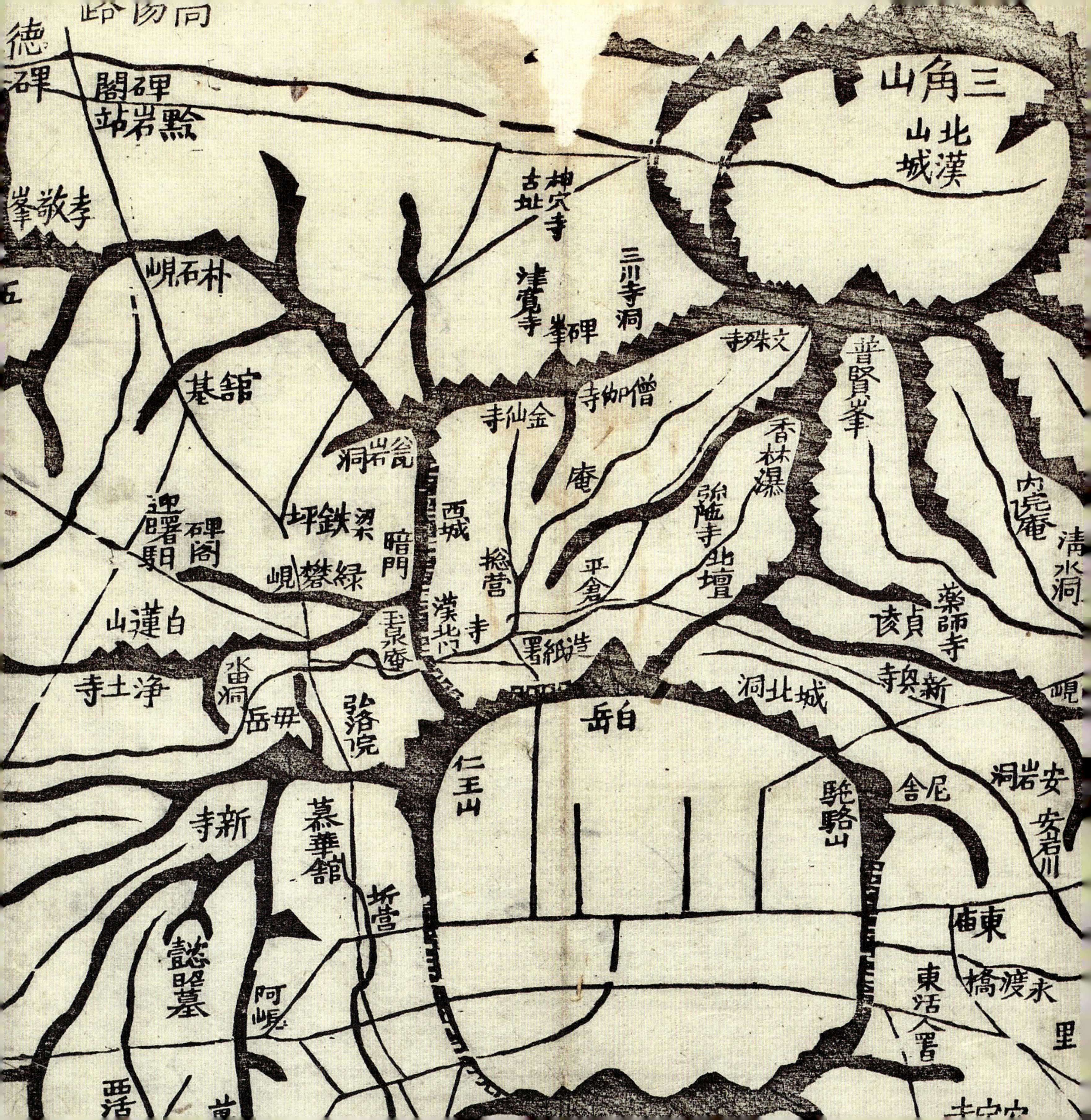
三角山
北漢山城
黔岩站
碑閣
孝敬峯
神穴寺古址
三川寺洞
津寬寺
碑峯
朴石峴
舘基
文殊寺
僧伽寺
金仙寺
普賢峯
香林瀑
彌陁寺
北壇
庵
瓮岩洞
梁鐵坪
迎曙驛
碑閣
西城
暗門
綠礬峴
摠營
漢北門
寺
平倉
內院庵
淸水洞
藥師寺
貞陵
白蓮山
玉泉庵
造紙署
淨土寺
沓洞
母岳
弘濟院
白岳
城北洞
新興寺
安岩洞
仁王山
駱駝山
尼舍
安岩川
新寺
慕華舘
懿墓
圻營
東廟
永渡橋
東活人署
阿峴

8. 〈도성도(都城圖)〉《동여도(東輿圖)》, 1852~1872년

김정호(金正浩)가 《대동여지도》를 만들기 전에 제작했던 것으로 추정되는 채색 필사본 전국 지도이다. 《대동여지도》와 유사한 구성으로 표현되었으며, 지형과 물길, 도로 등의 각 요소를 채색하여 표현함으로써 구분이 명확하다. 그중 〈도성도〉는 《대동여지도》의 〈도성도〉와 같이 도성 안의 모습을 자세히 묘사하고 있다. 인왕산 밑에서부터 한북문을 지나 북쪽으로 뻗어가는 듯한 탕춘대성의 모습을 확인할 수 있다.

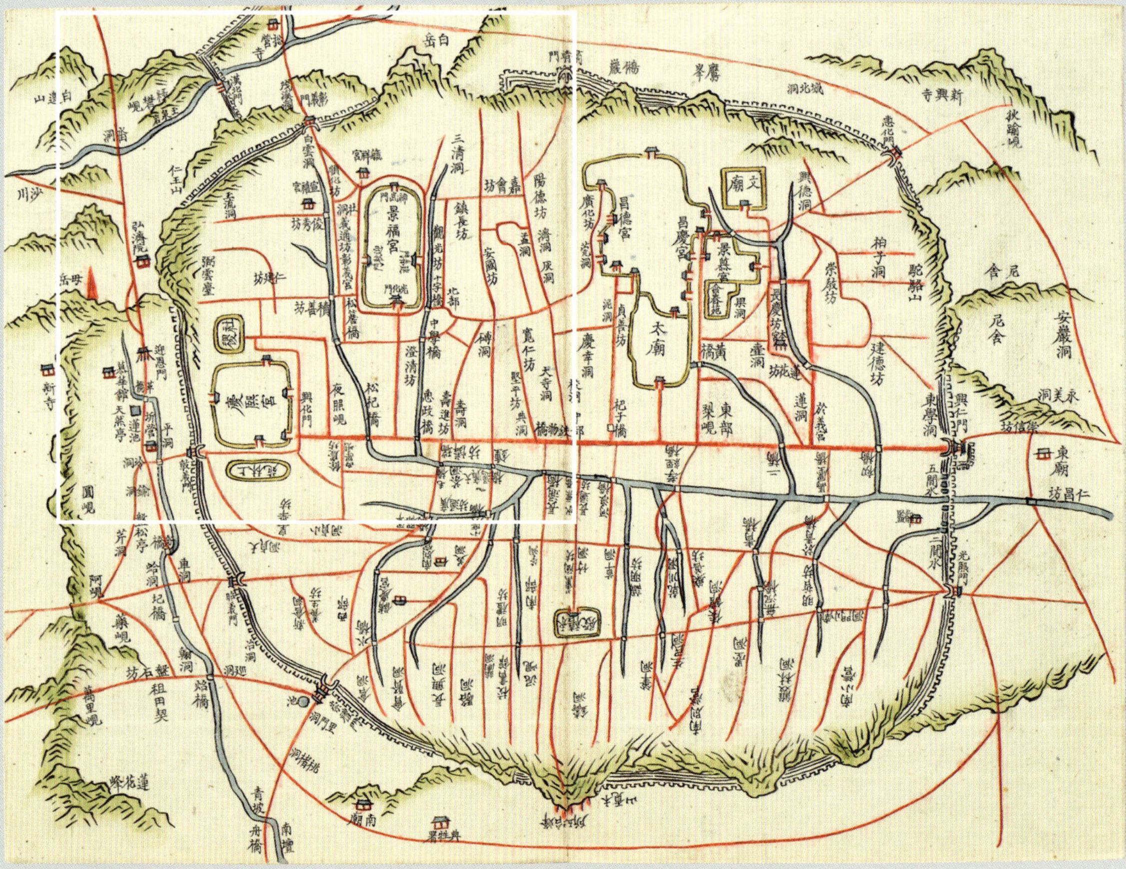

〈도성도〉《동여도》

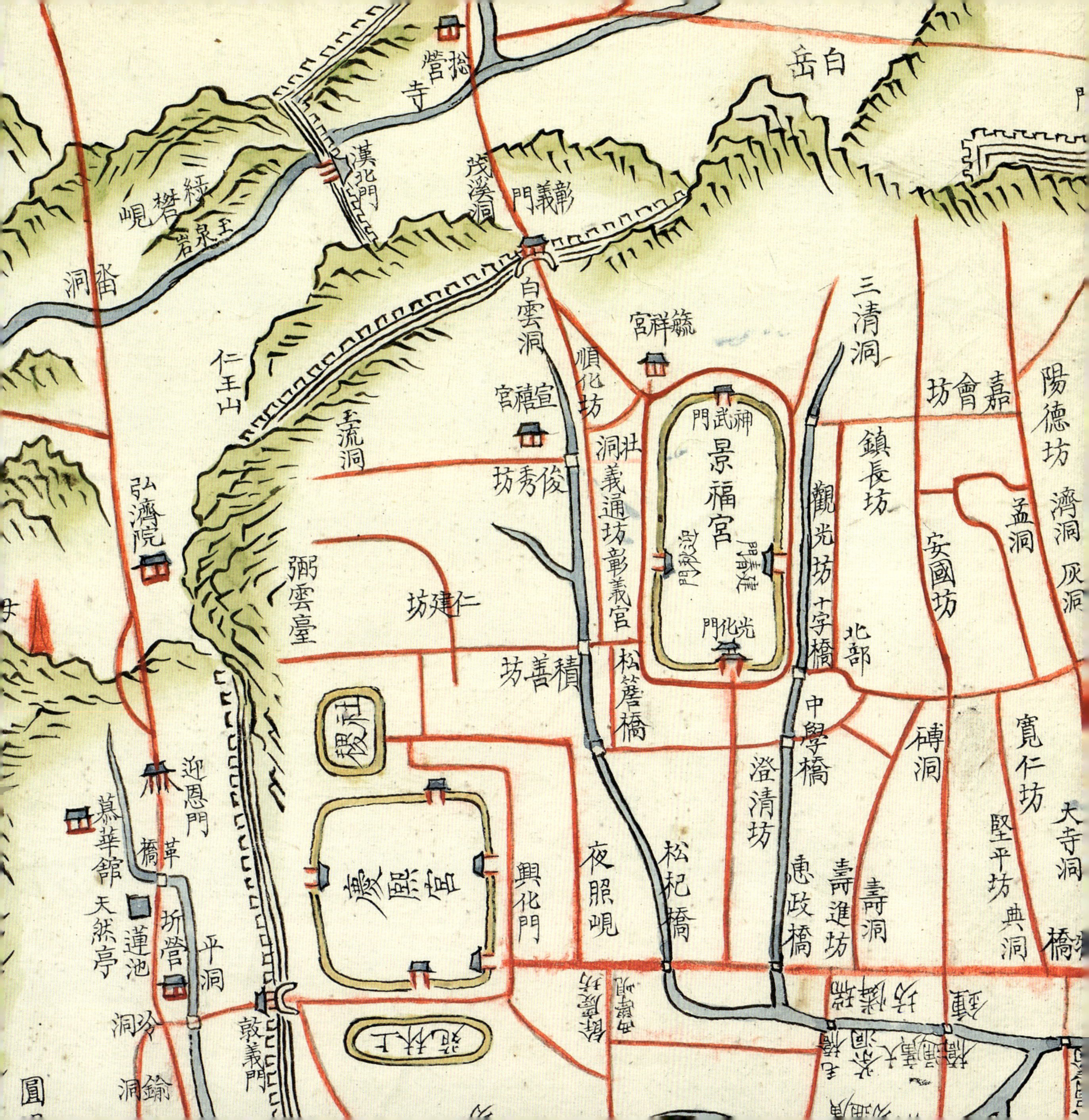

白岳
摠營寺
漢北門
彰義門
茂溪洞
綬碧峴
玉泉岩
白雲洞
毓祥宮
順化坊
宣禧宮
仁王山
玉流洞
俊秀坊
壯義洞
通義坊
彰義宮
神武門
景福宮
建春門
光化門
三淸洞
嘉會坊
陽德坊
鎭長坊
觀光坊
十字橋
北部
濟洞
孟洞
安國坊
弘濟院
弼雲臺
仁建坊
積善坊
松簷橋
中學橋
社稷
慶熙宮
興化門
夜照峴
松杞橋
澄淸坊
惠政橋
壽進坊
壽洞
磚洞
寬仁坊
堅平坊
典洞
大寺洞
迎恩門
慕華館
天然亭
蓮池
平洞
敦義門

한편 〈경조오부도〉《동여도》는 도성 안 모습을 자세히 그리는 대신 한북문과 서성(西城)이라 표시한 탕춘대성의 명칭이 확인된다. 한양도성과 북한산성을 잇는 산줄기를 따라 탕춘대성이 축성되어 있음을 보여준다.

〈경조오부도〉《동여도》, 1852~1872년

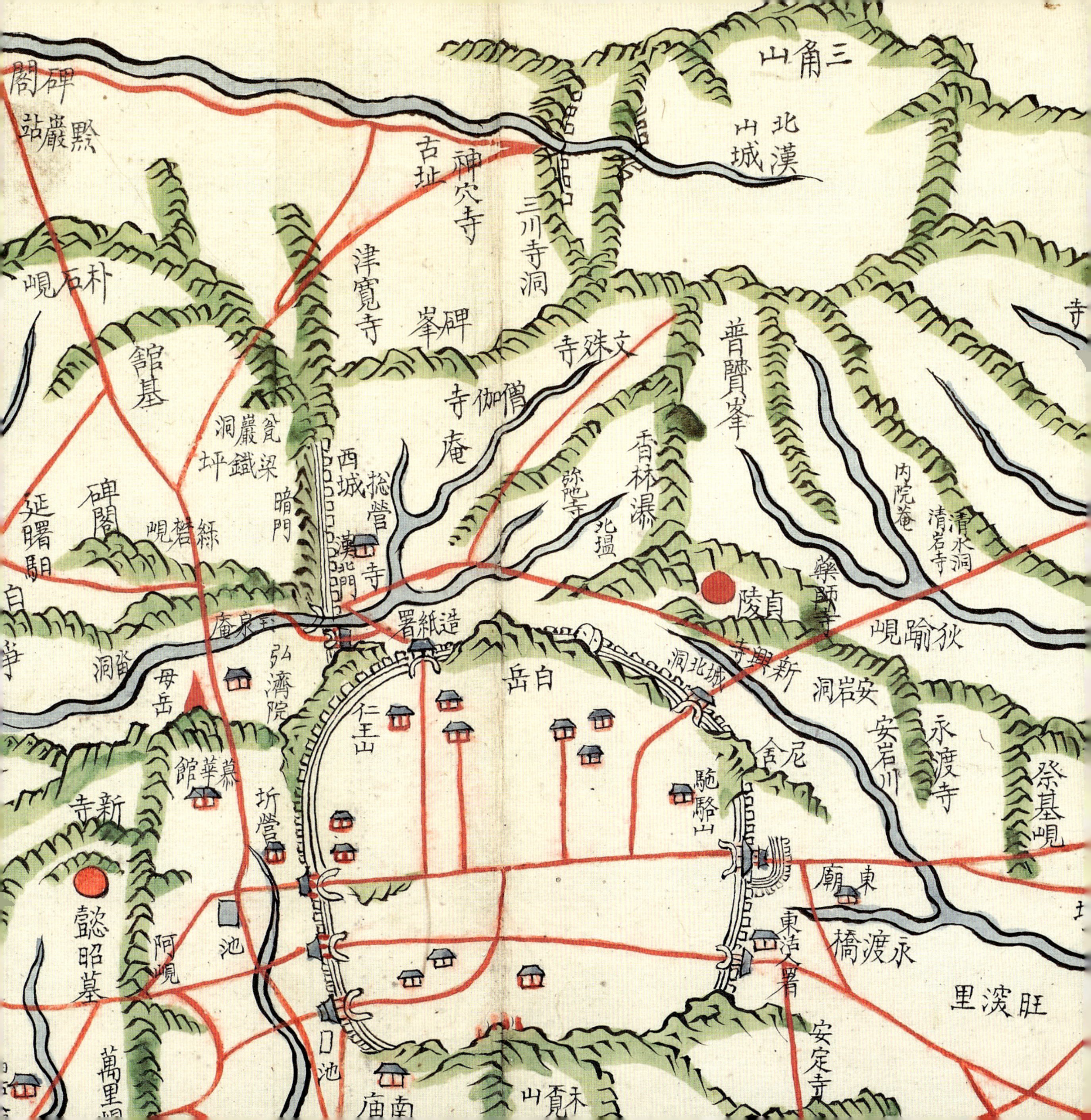
三角山
北漢山城
碑閣
黔巖站
神穴寺古址
三川寺洞
津寬寺
碑峯
朴石峴
館基
文殊寺
僧伽寺
庵
普賢峯
香林瀑
瓮巖洞
梁鐵坪
延曙驛
碑閣
綠礬峴
暗門
西城
摠營
寺
內院菴
清岩寺
清水洞
藥師寺
貞陵
狄踰峴
新興寺
造紙署
白岳
城北洞
安岩洞
安岩川
永渡寺
祭基峴
尼舍
駱駝山
仁王山
弘濟院
母岳
慕華館
新寺
懿昭墓
池
阿峴
東廟
永渡橋
東活人署
安定寺
南廟
木覓山
池

9. 〈조선성시도(朝鮮城市圖)〉, 1849년

도성 안 모습과 함께 도성 밖으로 한강까지 포함하여 그린 지도이다. 창의문 밖에 건설된 탕춘대성의 모습과 한북문의 위치를 확인할 수 있으며, 수문과 암문은 표시하지 않았다. 도성 밖 상황을 간략하게 묘사하였기 때문에 북한산과 도성을 잇는 성곽 정도로 탕춘대성이 표현되어 있다.

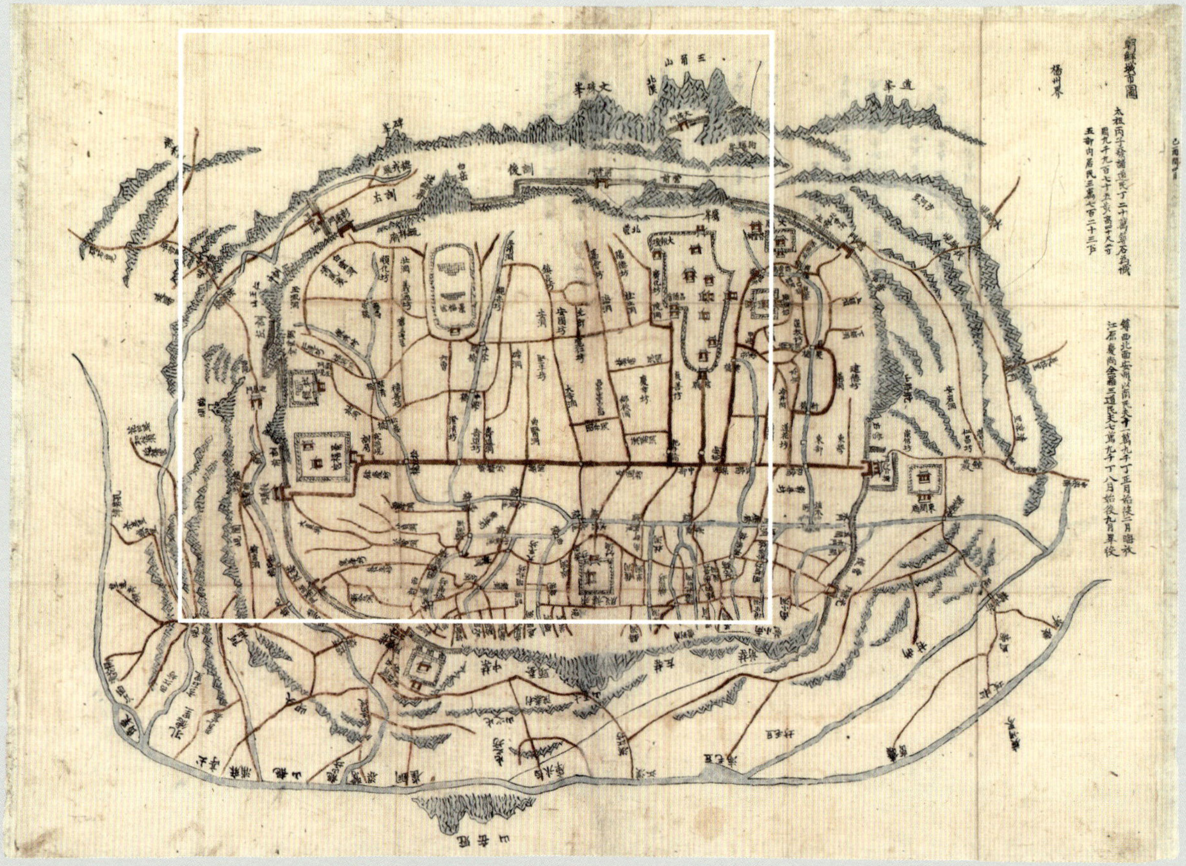

〈조선성시도〉

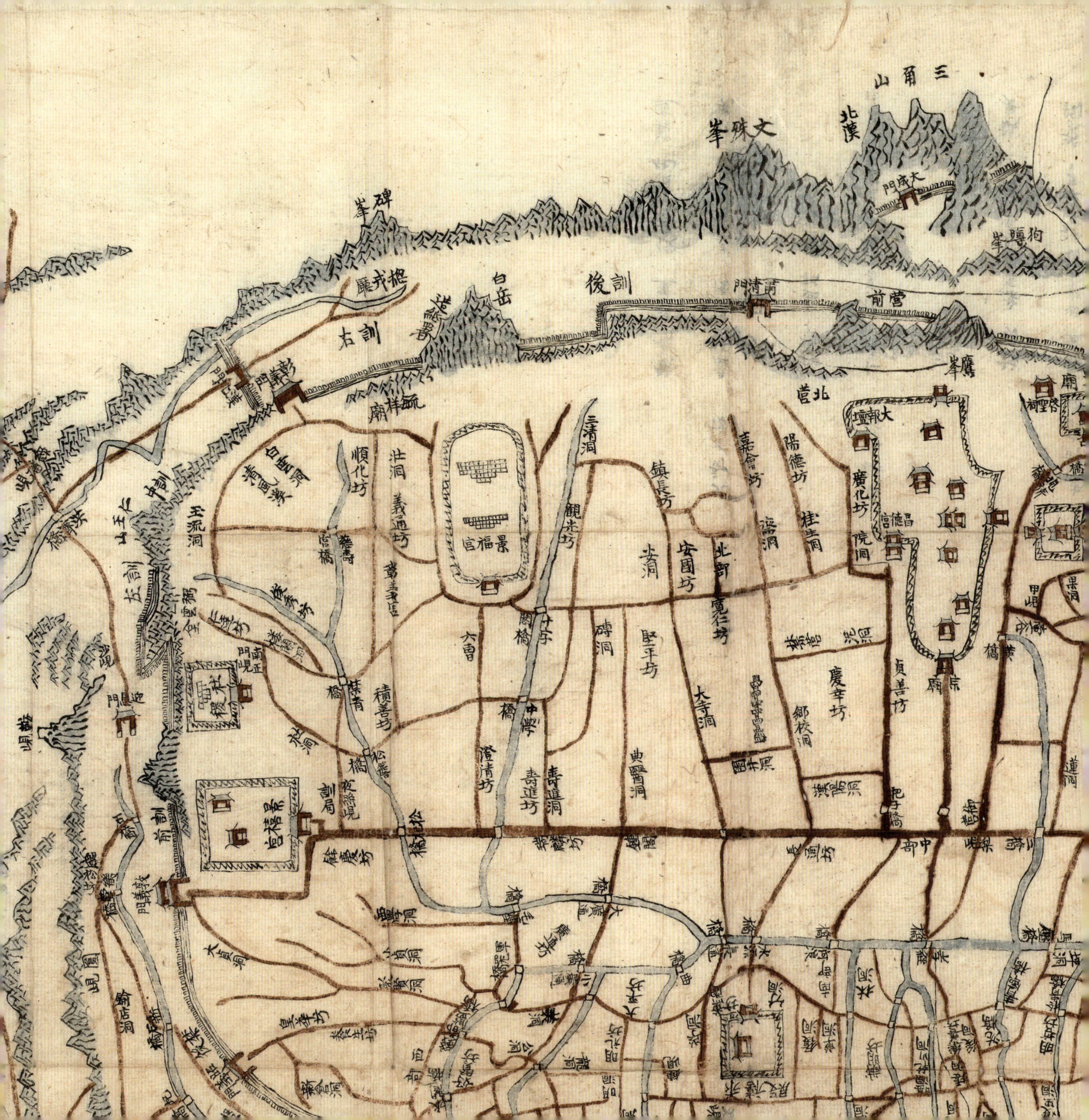

三角山
北漢
文殊峯
大成門
狗頭峯
碑峯
摠戎廳
白岳
後訓
右訓
肅淸門
營前
鷹峯
北營
彰義門
景福宮
大報壇
廣化坊
安國坊
北部
鎭長坊
嘉會坊
陽德坊
順化坊
義通坊
觀光坊
三淸洞
積善坊
澄淸坊
壽進坊
壽進洞
堅平坊
寬仁坊
慶幸坊
貞善坊
宗廟
大寺洞
典醫洞
社洞
景禧宮
前訓
中部
仁王山
左訓
皇華坊

10. 〈수선전도(首善全圖)〉, 1864년

1840년대 김정호가 제작한 것으로 추정되는 〈수선전도〉(고려대학교 소장본)를 1864년 다시 발간한 지도이다. 지도에 표현된 영역은 남쪽으로는 한강을 한계로 하고 북쪽으로는 도봉산, 서쪽으로는 마포와 성산리, 동쪽으로는 안암동과 답십리까지이다. 도봉산, 북한산에서 뻗어 내린 산세가 잘 표현되어 있고, 도성 내부를 흐르는 청계천의 모습도 상세히 그려져 있다. 북한산의 세 봉우리인 백운대, 인수봉, 만경대가 뚜렷하게 표현되어 있는 점이 흥미롭다. 창의문을 기준으로 조지서와 한북문이 표기되어 있으며, 한북문 뒤로 서성이라고 표기된 탕춘대성을 확인할 수 있다.

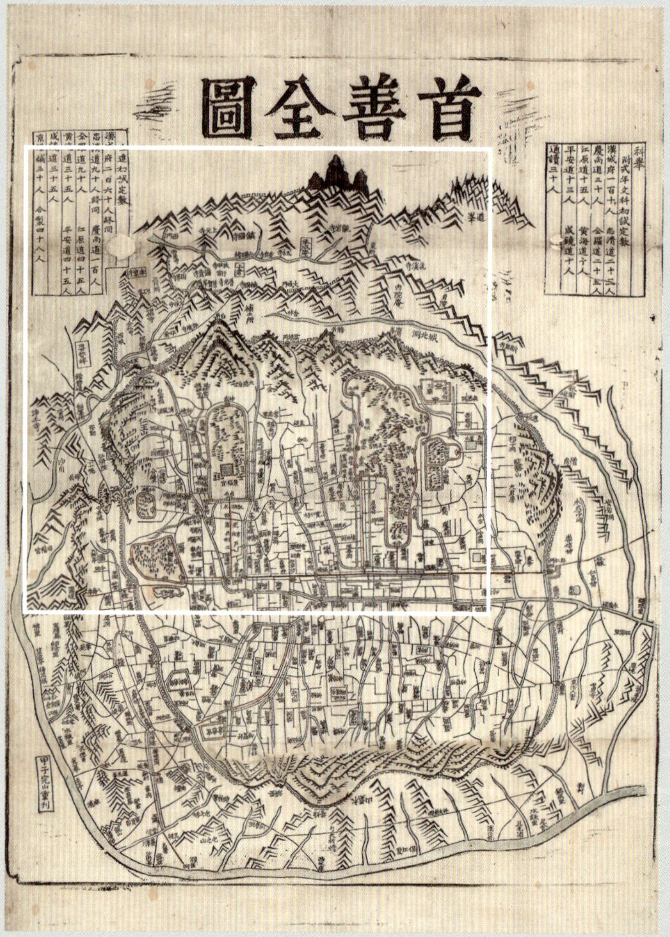

〈수선전도〉

生進初試定數
城府二百六十人終同
淸道九十人終同 慶尚道一百人
羅道九十人 江原道四十五人
海道三十五人 平安道四十五人
鏡道三十五人
鎭國寺
龍岩寺
上元寺
承成庵
東門
花溪寺
內院庵
貞陵
香林
補土所
城北洞
文廟
成均舘
景福宮
仁王山
白雲洞
淸風溪
弘濟院
沙川
母岳
慕華舘

근대기
탕춘대성과 홍지문

III

1 탕춘대성 일대의 보존과 멸실

탕춘대성은 한양도성과 떨어져 북쪽에 위치하고 도성으로부터 떨어져 있어서 주요 교통로로 사용되지는 않았다. 이러한 이유로 일제에 의한 도로망 부설 과정에서 본격적인 훼철은 이루어지지 않았던 것으로 추정된다. 다만 관리가 이루어지지 않고 방치된 채 남아 있던 홍지문과 오간수문은 1920년대 초반 크게 훼손되었다.

홍지문과 오간수문의 멸실 시기는 사진 자료나 기록이 남아 있지 않아 정확하게 알 수는 없으나 관련 내용이 언급된 신문 기사나 공문서 등을 통해 추론해 볼 수 있다.

먼저 1939년 『동아일보』의 기사에서는 1922년(大正 11) 봄에 홍지문이 헐렸다고 언급하고 있으나 훼철의 정확한 이유는 밝히지 않고 있다.[36] 그러나 해방 이후 탕춘대성 복원공사 진행 과정에서 나온 공문서 및 다수의 신문 기사에서는 모두 1921년 대홍수 때 붕괴 혹은 소실되었다고 기록하고 있다.[37] 1921년 1월 문루가 먼저 붕괴되었고, 같은 해 8월 홍수로 오간수문이 멸실되면서 일부 기초 부분의 흔적만 남은 채로 복원 당시까지 방치되어 있었다는 것이다.[38] 이상의 내용을 바탕으로 추론해 보면 1921년 혹은 1922년 문루가 먼저 붕괴되었고, 이후 오간수문이 멸실되면서 광복 이후까지 별다른 관리 없이 방치되어 있었다는 것을 알 수 있다.

36. 『동아일보』 1939.10.15(석간), 5면 기사

37. ○ 門樓는 1921年 1月에 崩壞되고 五間大水門은 同年 8月에 洪水로 滅失됨
○ 76. 6. 26. 서울特別市地方有形文化財 33号로 指定, 弘智門및蕩春臺城이라 稱함
(「홍지문 및 탕춘대성 복원공사 착공 보고」, 1976.8.13, 서울기록원)

38. 『조선일보』 1972.4.13, 6면; 『동아일보』 1975.12. 3, 6면; 『조선일보』 1975.12.4, 6면; 『경향신문』 1975.12.6, 6면; 『조선일보』 1976.8.18, 6면; 『경향신문』 1976.8.18, 6면; 『동아일보』 1977.7.19, 6면; 『조선일보』 1977.7.19, 6면; 『동아일보』 1977. 12.2, 6면; 『경향신문』 1988.6.13, 13면; 『조선일보』 1991.12.28, 12면; 『경향신문』 1997.6.20, 20면 기사

홍지문과 오간수문, 좌우 익성의 모습, 1907~1908년, 헤르만산더, © 국립민속박물관

홍지문과 오간수문, 1910~1920년

홍지문 모습, 1907~1908년, 헤르만산더, © 국립민속박물관

홍지문과 오간수문 북쪽의 성벽(좌익성), 1910~1920년

2 근대 시기 유람공간으로 활용

『동아일보』 1936.1.1, 47면 〈"新京城" 名勝古跡〉

일제강점기 탕춘대 일대는 아름다운 경관을 가진 명승으로 주로 소개되었다. 당시 '장의심승(藏義尋僧, 장의사로 스님을 찾아가다)'이라고 하면서 이 일대를 경도십영(京都十詠), 즉 서울의 10가지 경치 중 하나로 꼽기도 하였다.[39] 경치와 함께 한북문의 편액, 오간수문, 세검정 등 역사적 장소들이 명승고적으로 유람의 대상이 되었다.[40]

일반인들이 하이킹과 산책 문화를 즐기기 시작한 근대 시기 연융대 일대는 하이킹 코스로 추천되었다. 창의문을 넘어 승가사에서 비봉까지 이르는 코스였는데, 비봉에서 진흥왕 순수비를 유람한 이후 서북쪽으로 돌아 나오면 한북문의 터를 확인하고 세검정(洗劍亭) 뒤 암석에 새겨져 있었던 '연융대(鍊戎臺)'를 유람하는 식이었다.[41]

39. 『동아일보』, 1936.1.1(석간), 47면 기사
40. 『동아일보』, 1936.3.31, 2면 기사
41. 『동아일보』, 1939.10.15(석간), 5면 기사

昭和十四年十月十五日 (日曜日)

演芸・娯楽

하이킹코-스紹介

彰義門넘어 僧伽寺、碑峰까지 (下)

『동아일보』 1939.10.15, 5면 〈彰義門넘어 僧加寺,碑峰까지(下)〉

해방 이후
탕춘대성의 복원과 관리

IV

1 해방 이후 탕춘대성의 현황

홍지문, 1976년

42. 『홍지문 및 탕춘대성 복원공사 착공 보고』, 1976.8.13, 서울기록원

탕춘대성은 1920년대 초 홍수로 인해 훼손된 채 방치되어 있었다. 탕춘대성의 복원을 결정한 후 작성된 보고서에 따르면, 홍지문(한북문)의 홍예 석축 일부와 좌우 성벽(익성) 약 3,000m(좌익성 약 1,700m, 우익성 약 1,300m), 그리고 오간수문의 기초 일부만이 남아 있는 상태였다.

弘智门 및 蕩春臺城 復元工事 報告書 [42]

目的

先祖들이 首都防衛의 戰略上 重要視했던 弘智门 및 蕩春臺城을 다시 옛모습대로 復元함으로서 民族魂이 담겨진 文化遺産을 後世에 길이 伝承하고 市民의 首都固守 및 安保精을 더욱 굳건히 다지는데 있음

沿革

◯ 서울城廓과 北漢山城을 補完키 爲하여 肅宗41年(1715年) 6月에 建立

◯ 弘智门內 現在 新營洞, 旧基洞一帶는 新羅의 対 高句麗 戰略上의 要地이며 壬辰. 丙子 兩亂後 軍事上 要塞地

◯ 肅宗44年(1718年) 城内의 鍊戎臺(現 洗劍亭國民学校)를 宣惠庁倉庫 上下平倉 等 重要軍事施設과 軍糧倉庫를 保講

◯ 门楼는 1921년 1月에 崩壞되고 五间大水门은 同年 8月에 洪水로 滅失됨

◯ 76.6.26. 서울特別市地方有形文化財 第33号로 指定, 弘智门 및 蕩春臺城이라 稱함

現況

◯ 弘智门 : 虹霓石築一部만 殘存

◯ 蕩春臺城 : 左右翼城 約3,000m 殘存(左翼城 約1,700m, 右翼城 約1,300m)

◯ 五间大水门 : 一部基礎만 河床에 殘存

復元概要

◯ 弘智门

가. 虹霓石築 및 门楼木造 12坪

나. 造景植樹 100坪 保講鐵柵 300m

◯ 五间大水门(石築)

長 30m(五间), 幅 5m, 女墻 30m

◯ 蕩春臺城(200m 復元)

左翼城 150m, 右翼城 50m

...(이하 생략)...

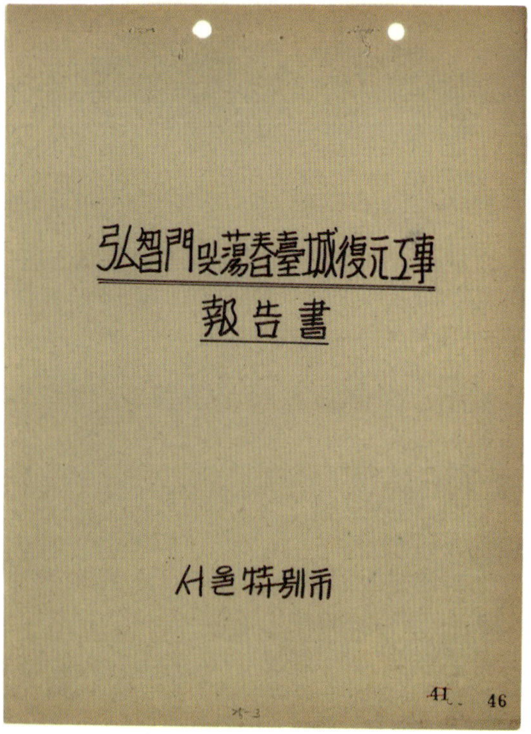

弘智門및蕩春臺城復元工事
報告書

서울特別市

41 46

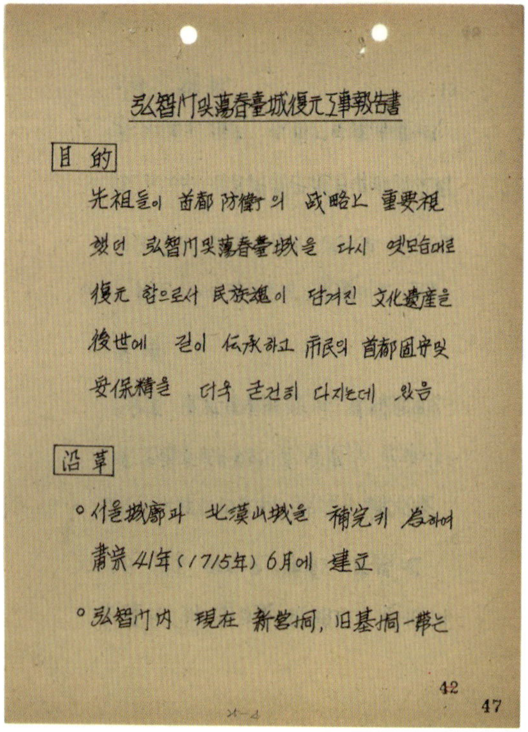

弘智門및蕩春臺城復元工事報告書

目 的

先祖들이 首都防衛의 戰略上 重要視했던 弘智門및蕩春臺城을 다시 옛모습대로 復元함으로서 民族魂이 담겨진 文化遺產을 後世에 길이 伝承하고 市民의 首都固守및 安保精神을 더욱 굳건히 다지는데 있음

沿 革

- 서울城廓과 北漢山城을 補完키 爲하여 肅宗41年(1715年) 6月에 建立
- 弘智門內 現在 新營洞, 旧基洞一帶는

42 47

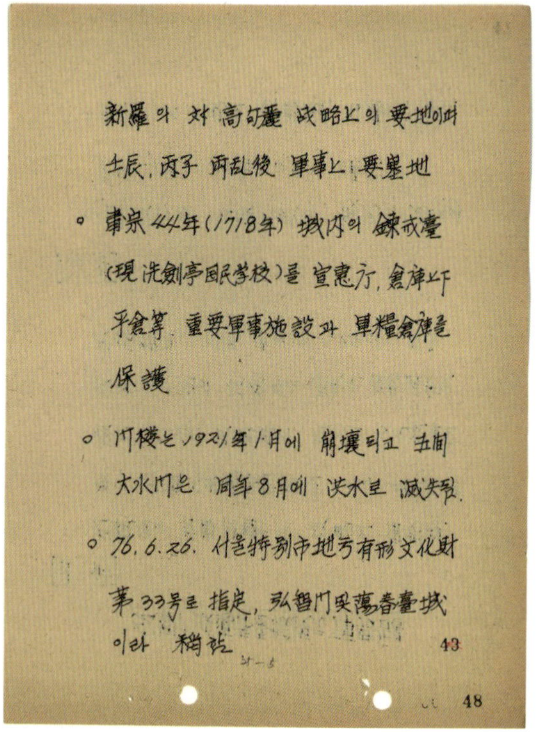

新羅와 対 高句麗 戰略上의 要地이며 壬辰, 丙子 両乱後 軍事上 要塞地

- 肅宗44年(1718年) 城內의 鍊戎臺(現洗劍亭国民学校)를 宣惠庁, 倉庫上下平倉等 重要軍事施設과 軍糧倉庫를 保護
- 門樓는 1921年 1月에 崩壞되고 五間大水門은 同年 8月에 洪水로 流失됨.
- 76.6.26. 서울特別市地方有形文化財 第33号로 指定, 弘智門및蕩春臺城이라 稱함

43 48

「홍지문 및 탕춘대성 복원공사 보고서」, 1976년, © 서울기록원

現 況

○ 弘智門 : 虹霓石築 一部만 殘存

○ 蕩春臺城 : 左右翼城 約 3,000m 殘存
(左翼城 約 1,700m 右翼城 約 1,300m)

○ 五間大水門 : 一部 基礎만 河床에 殘存

復元概要

○ 弘智門

가. 虹霓石築 및 門樓木造 12坪

나. 造景植樹 100坪 保護鐵柵 300m

○ 五間大水門 (石築)

長 30m (五間), 幅 5m, 女墻 30m

44 49

○ 蕩春臺城 (200m 復元)

左翼城 150m 右翼城 50m

工事費

總 : 150.501.842 원

- 文化財工事費 : 126.401.842 원
- 造景 〃 : 5,000.000 〃
- 道路拡張 〃 : 19.100.000 〃

工事期間

着工 76. 8. 18 竣工 76. 12. 31.

起工式

○ 日字 : 76. 8. 18. 11:00

45 50

○ 場所 : 弘智門現場

○ 參席範囲 (招請者)

代議員 (鍾路, 西大門) 代表

文化公報部長官, 文化財管理局長

中央文化財委員 (9名), 서울城郭復元委員 (15名)

首都行政諮問委員 文化公報分科委員 (11名)

各新聞및通信社長 (14名), 서울市記者團 (33名)

○ 進行順序

가. 復元工事內容報告 (文化公報部長)

나. 始삽.

다. 記念撮影 끝.

46 51

홍예개판(虹霓蓋板)과 문루가 소실된 채 육축만 남은 홍지문 모습, 1976년

도로로 단절된 홍지문, 1976년

특히 홍지문은 문루가 소실된 채 홍예문을 포함한 육축 부분만 남아 있었는데, 문의 남쪽과 북쪽에 인접하여 조성된 차도로 인해 탕춘대성의 성벽으로부터 단절된 모습이 되었다. 20세기 초반 촬영된 사진과 1970년대 초반 홍지문의 모습을 비교해 보면, 1920년대의 홍수로 인한 피해가 컸음을 알 수 있다.

오간수문이 사라진 홍제천, 1976년

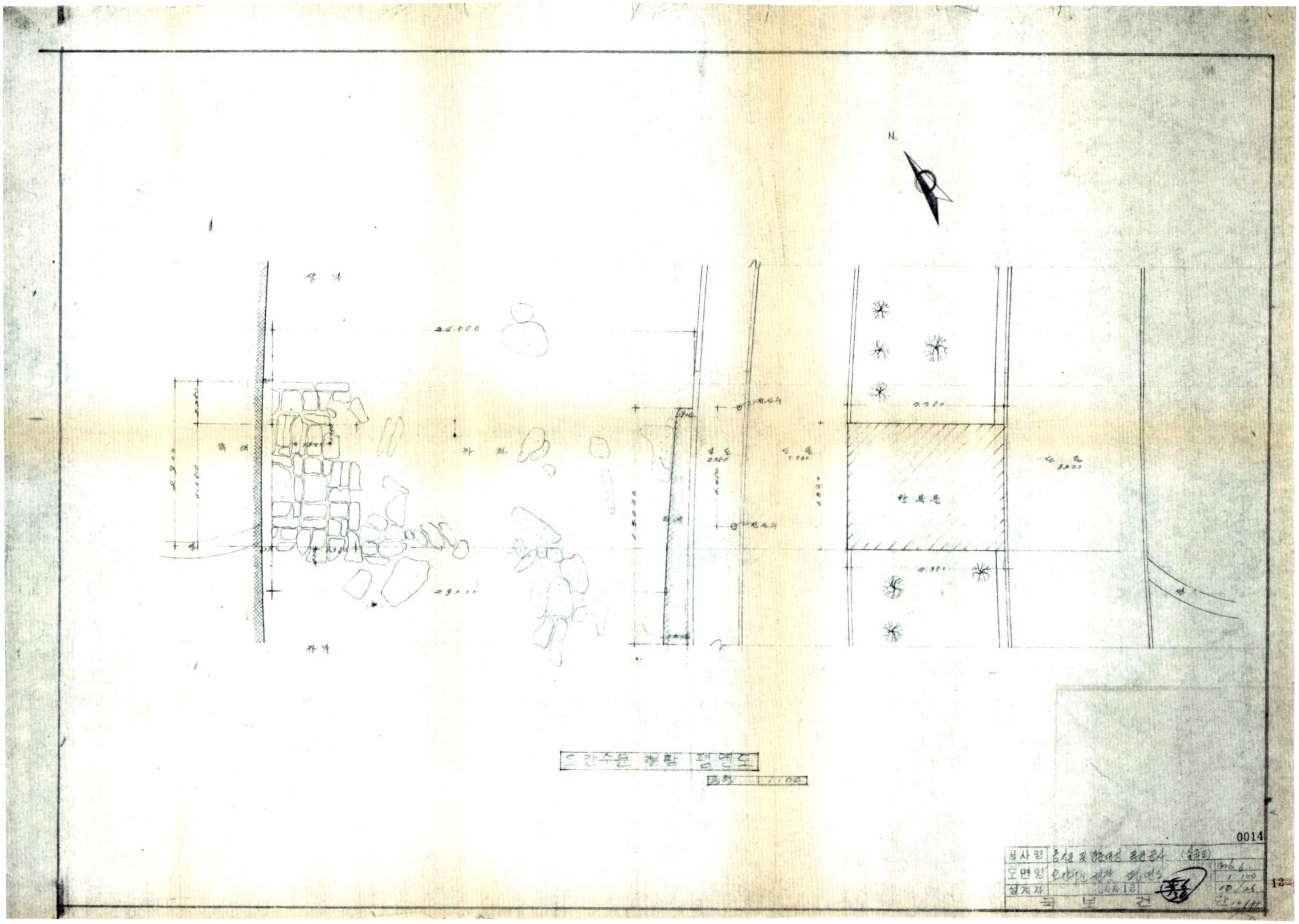

〈홍지문 및 오간수문 현황 평면도〉, 1976년, © 서울기록원

보수공사 직전의 좌익성 모습, 1976년

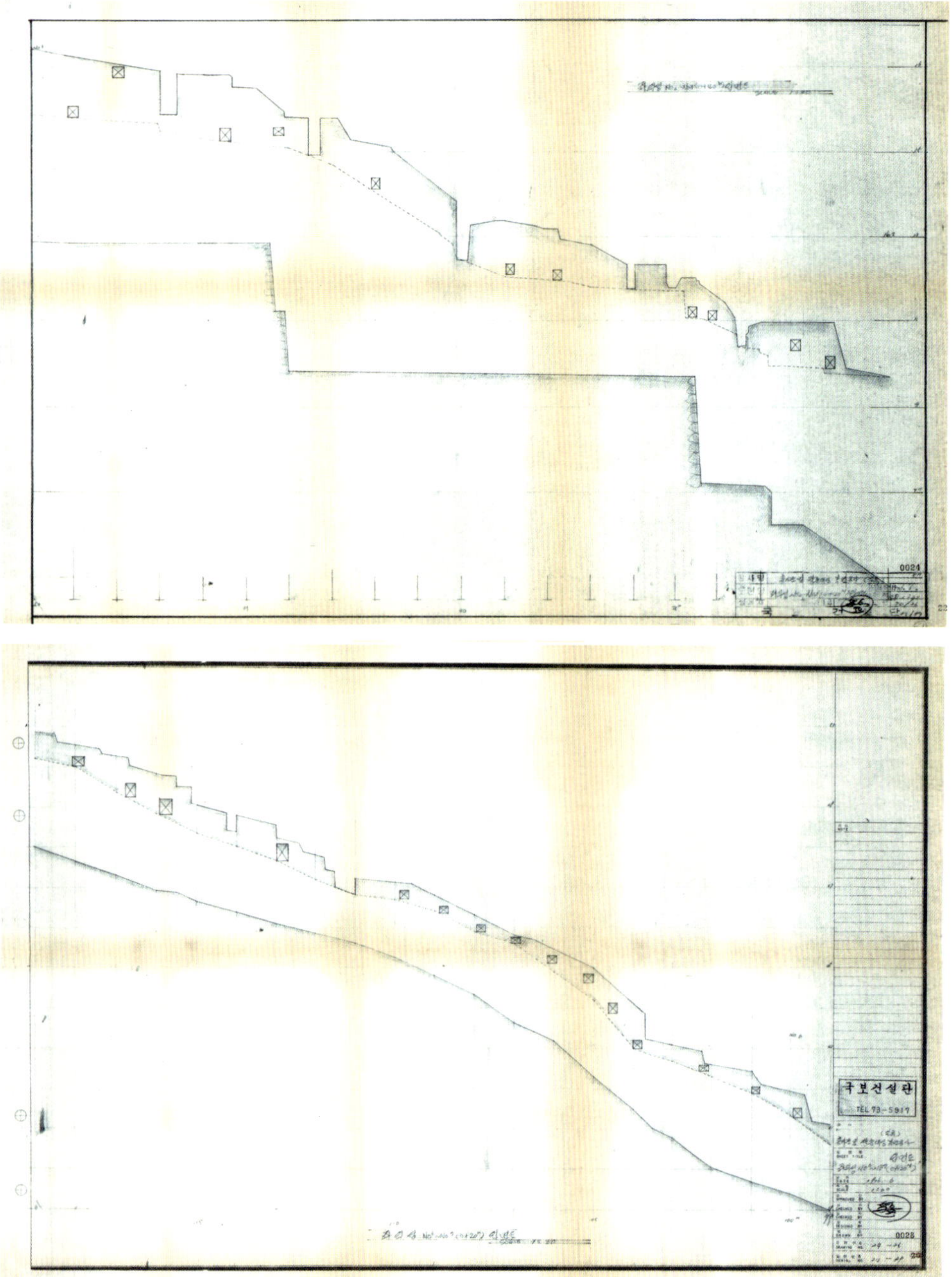

〈좌익성 현황도〉, 1976년, © 서울기록원

43. 「홍지문 및 탕춘대성 복원공사 설계도」, 1976. 6.30, 서울기록원

탕춘대성의 좌우 성벽(익성)의 상세한 현황은 1976년 복원설계 과정에서 작성된 실측도면을 통해 확인할 수 있다.[43] 홍지문 북쪽으로 오간수문과 연결되었던 성곽이 좌익성, 홍지문 남쪽에 직접 연결되어 있던 성곽이 우익성인데, 좌우 익성 모

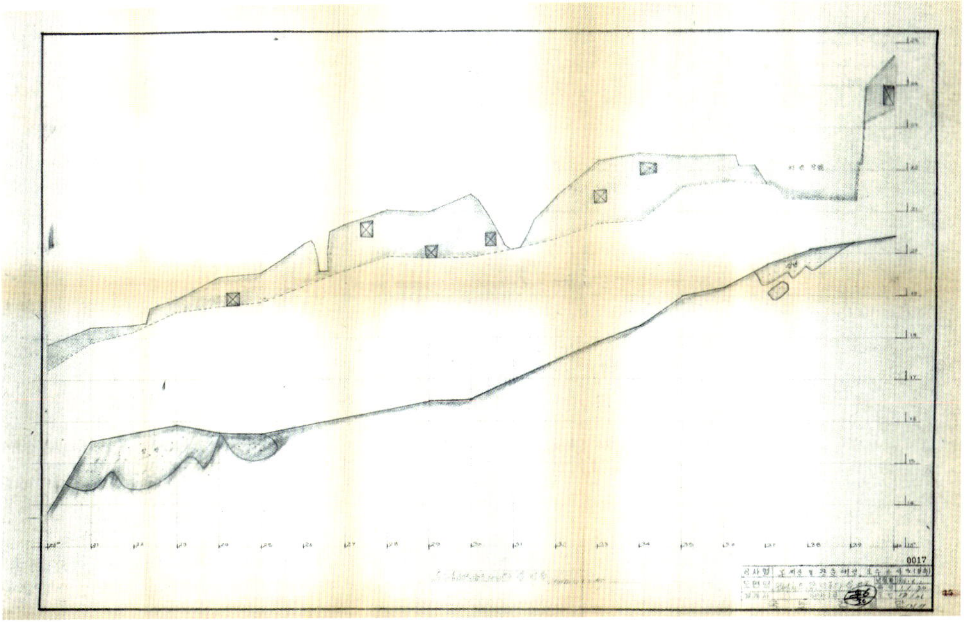

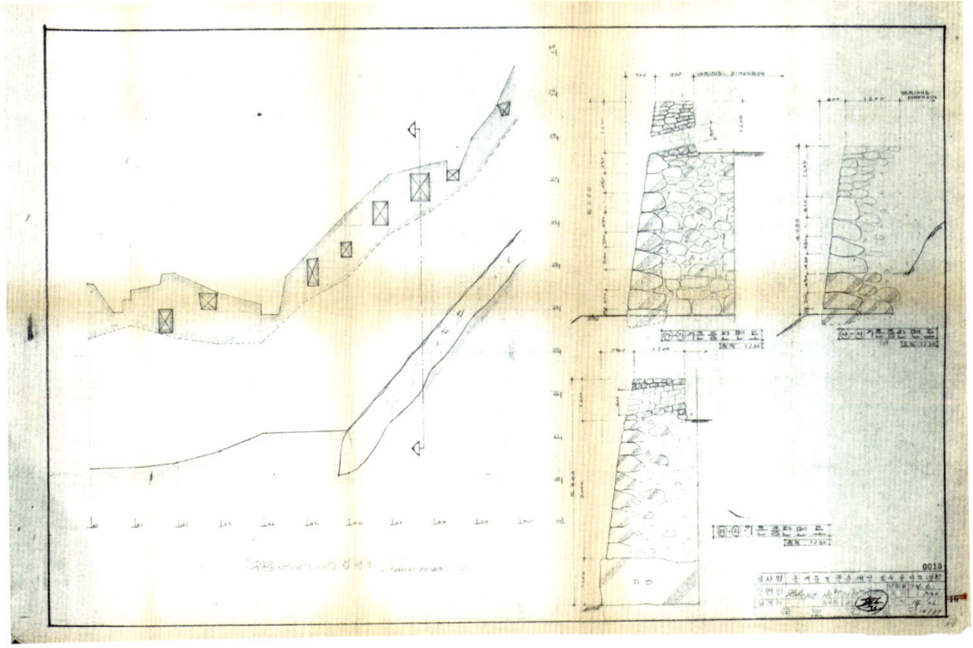

〈우익성 현황도〉, 1976년, © 서울기록원

두 체성에 비해 여장 부분의 훼손이 심한 상태였다. 또한 오간수문과 연결된 북쪽의 좌익성은 체성과 여장 일부가 남아 있으나 우익성은 축대와 도로의 개설로 인해 일부 구간이 멸실되어 있었다.

2 탕춘대성의 복원

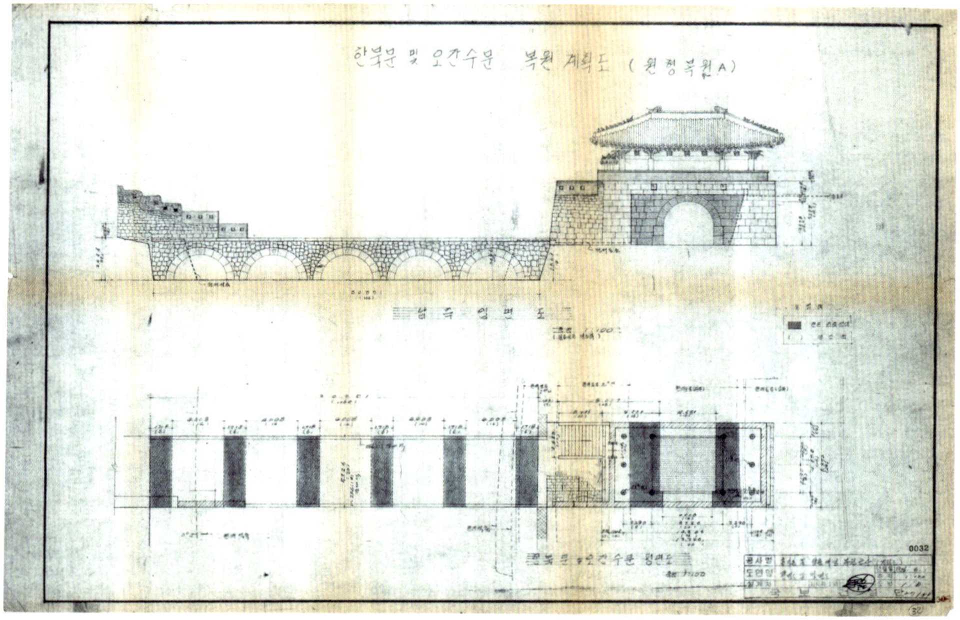

〈원형복원 계획도-A안〉, 1976년, © 서울기록원

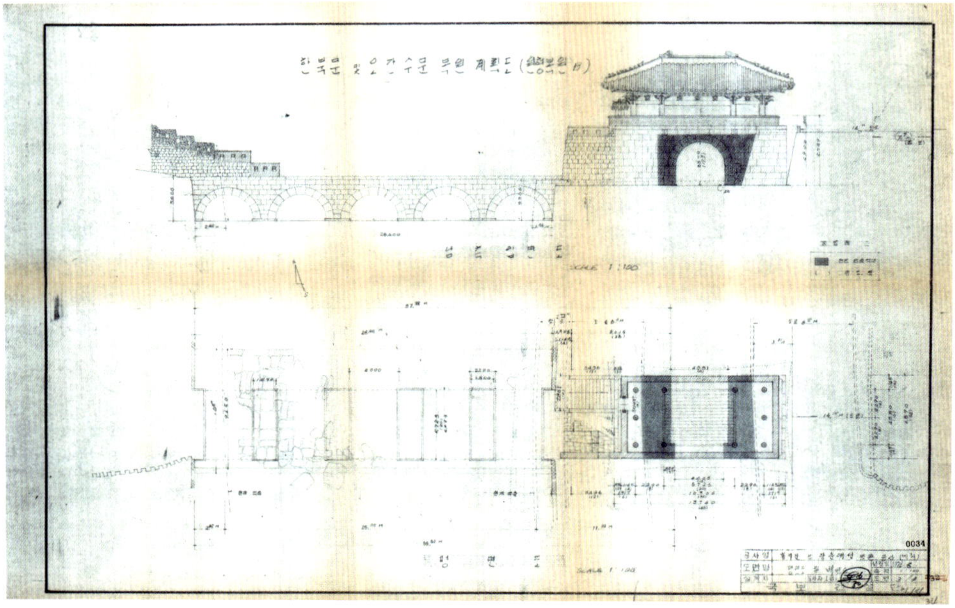

〈원형복원 계획도-B안〉, 1976년, © 서울기록원

1976년 8월부터 1977년 7월까지 홍지문, 오간수문, 좌우측 성벽 약 200m에 대한 복원공사가 진행되었다. 당시 홍지문과 오간수문, 성벽에 대한 복원설계는 국보건설단에 의해 수행되었는데, 국보건설단은 1976년 6월 30일 현황 실측 조사를 바탕으로 원형복원 2개 안(A, B)과 이전복원 3개 안(A, B, C)을 제시하였다. 원형복원안은 잔존하고 있는 육축을 본래의 위치에서 복원·정비하는 계획으로 지형과 위치의 변화가 크지 않았다.

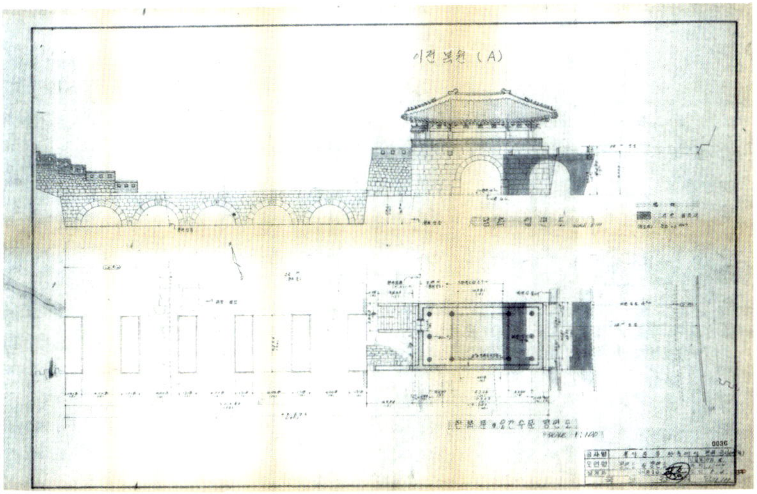

〈이전·복원 계획도-A안〉, 1976년, © 서울기록원

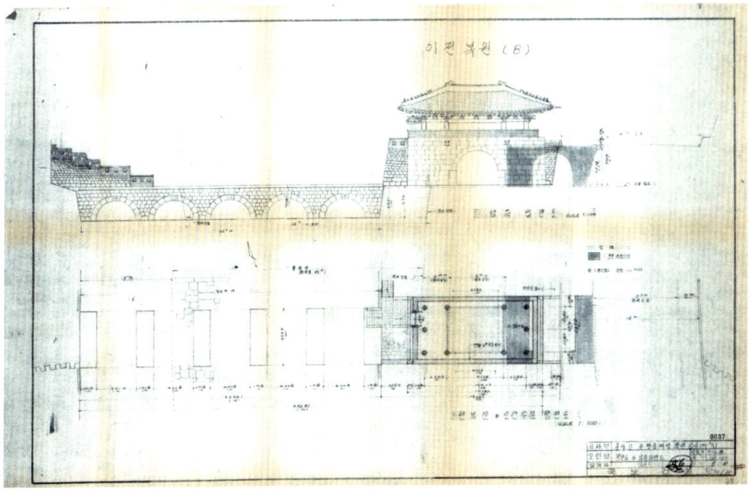

〈이전·복원 계획도-B안〉, 1976년, © 서울기록원

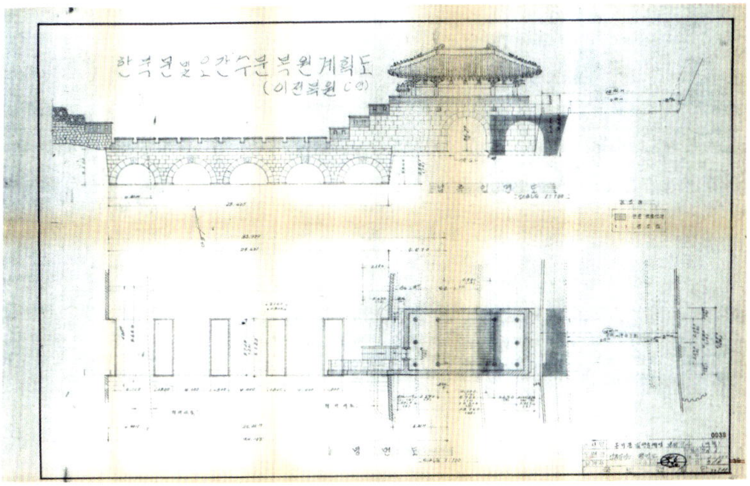
〈이전·복원 계획도-C안〉, 1976년, © 서울기록원

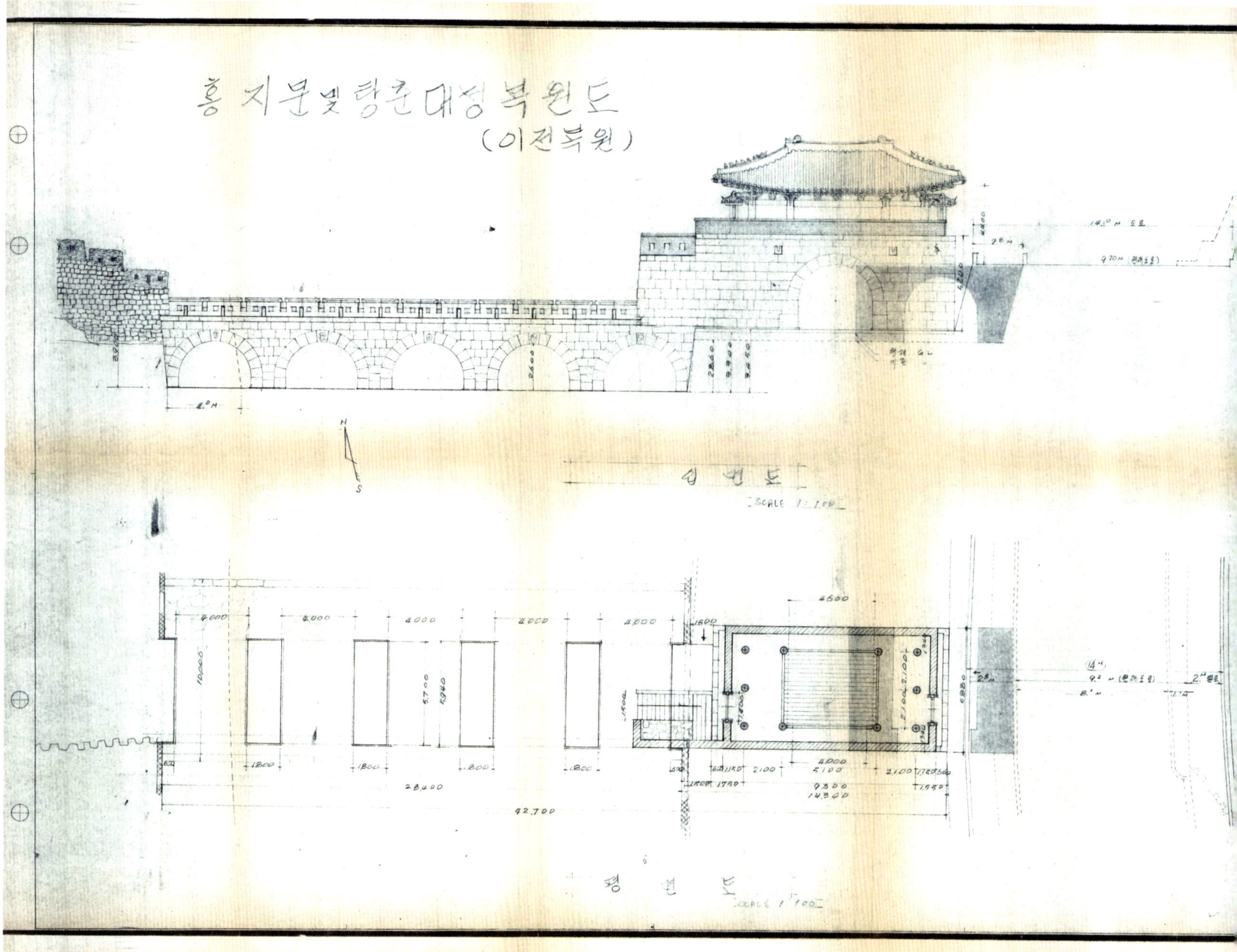

〈홍지문 및 탕춘대성 이전·복원 실시설계도〉, 1976년, © 서울기록원

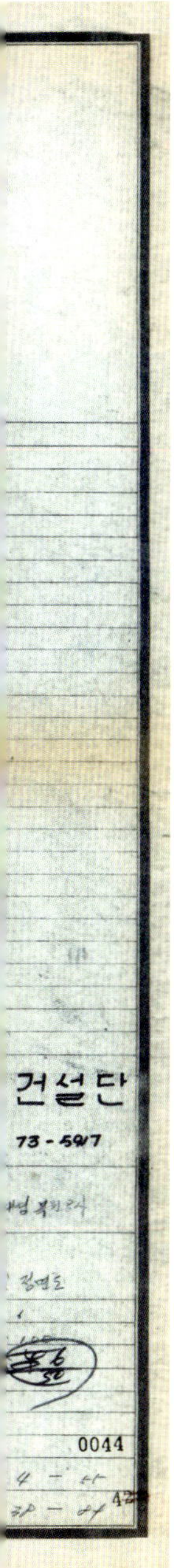

반면, 이전·복원안은 육축을 홍제천 방향으로 이전하고 성문 홍예의 바닥도 본래의 높이보다 높여 복원하도록 계획되었다. 그리고 이전된 남측에는 차도를 조성하도록 계획하였다.

실제 복원공사는 홍지문을 이전·복원하는 것으로 결정하여 진행되었다. 그리고 실시설계 과정에서 변경되어 완성된 최종 복원계획도는 〈이전·복원 계획도-C안〉을 바탕으로 원형복원계획과 이전복원계획을 절충하여 제시되었다.

1976년 8월 18일 홍지문 및 탕춘대성 복원공사의 기공식이 열렸다. 복원공사는 약 1년간 진행되었는데 1977년 5월 20일 홍지문에 대한 상량식이 거행되었고, 같은 해 7월 19일 준공식을 끝으로 마무리되었다.[44]

구분	공사범위
홍지문 문루	1동 12평
오간수문	수문 5칸(길이 26.72m, 폭 6.8m, 높이 5.23m, 수구 폭 3.76m, 수구 높이 2.78m)
익성	260m
조경	1,000평(14종 840주 식재)
자연 석축	95m
도로 확장	폭 14m, 길이 200m
안내판	(B형) 1개소

복원공사를 마친 홍지문은 본래의 지형보다 약 0.44m 높여 홍예 석문의 바닥으로 조성하고 육축은 홍제천으로 약 4.8m 이전된 모습이다. 홍지문 남쪽에는 14m의 차도가 조성되어 있는데 9m 폭의 도로를 14m로 확장하면서 약 3m 높이의 지형을 복토(覆土)하였다.[45]

44. 공사의 준공일은 1977년 6월 30일
45. 서울시, 『탕춘대성 보존관리 종합계획』, 2016, 94쪽

1976~1977년

사진으로 보는

탕춘대성의 복원

성곽 공사

성곽 복원공사, 1976년

복원공사를 마친 우익성의 모습, 1976년

오간수문 복원공사

복원 전 기초의 일부만 남은 오간수문 모습, 1976년

홍예수문의 기초공사 모습, 1976년

복원된 우익성과 홍지문 및 오간수문 공사 현장 모습, 1977년

복원된 좌익성과 공사 중인 오간수문, 1977년

홍예 수문과 상부 복원공사 모습, 1977년

오간수문 복원공사, 1977년

오간수문 복원공사, 1977년

홍지문 및 오간수문 복원공사, 1977년

홍지문 및 오간수문 복원공사, 1977년

홍지문 및 오간수문 복원공사, 1977년

홍지문
복원공사

홍지문 및 탕춘대성 복원공사 기공식, 1976년

홍지문 홍예 석축 해체, 1976년

홍지문 문루 공사, 1977년

홍지문 문루 공사, 1977년

홍지문 문루 공사, 1977년

홍지문 상량식, 1977년

홍지문 문루의 보 공사 모습, 1977년

홍지문 문루 공사, 1977년

홍지문 문루 단청공사, 1977년

홍지문 및 오간수문 공사 모습, 1977년

홍지문 및 탕춘대성 복원공사 준공식, 1977년

홍지문 및 탕춘대성 복원공사 준공식, 1977년

홍지문 및 탕춘대성 복원공사 준공식, 1977년

3 탕춘대성의 보호·관리

현재 탕춘대성은 1976년 서울시 유형문화재 제33호로 지정되어 관리되고 있다. 그리고 성벽의 잔존구간을 중심으로 보호구역이 설정되어 있다. 보호구역은 성벽의 내·외측 각 20m 범위이다. 1977년 홍지문 및 탕춘대성 복원공사가 마무리된 이후 홍지문에 대한 몇 차례 수리 공사를 제외하면 탕춘대성에 대한 적극적인 관리가 이루어지지 못하고 있다. 2008년 탕춘대성 일원에 대한 정밀실측 조사가 시행되었고, 2016년 '탕춘대성 보존·관리 종합계획'이 수립되었으며 현재 국가 사적으로 지정하는 것을 추진 중에 있다.

탕춘대성 구간 © 구글어스

시기별 탕춘대성 보수·복원사업

연도	내용
1976년	홍지문 및 탕춘대성 보수공사 설계
1976~1977년	탕춘대성 정밀실측 조사 성곽 보수, 홍지문 복원, 오간수문 복원
1983년	홍지문 보수(창호지 바르기, 철책 보수 등), 안내판 설치
1988년(10.23~11.25)	홍지문 지붕 공사
1996년(9~11월)	여담 옥개전 일부 및 주변 보호 철책 등 보수
1999년(6~9월)	홍지문 단청, 문비(門扉) 보수, 문루 좌우 협문 보수 오간수문 바닥 석재 일부 교체 정비
2008년	탕춘대성 실측 조사 및 현황 조사

V

1 탕춘대성 전경

탕춘대성의 전경

탕춘대성은 인왕산 치마바위로부터 시작되어 향로봉, 비봉, 승가봉, 문수봉, 보현봉으로 이어져 북한산성과 연결된다. 치마바위 옆 기차바위 능선에서 보현봉으로 연결되는 탕춘대성과 탕춘대성 안쪽의 전경이다.

평창동에서 바라본 한양도성의 백악산 능선

탕춘대성 내부에서 남쪽으로 백악산의 능선을 바라본 모습을 살펴보면, 탕춘대성이 한양도성과 지형적으로 연결되어 있음을 알 수 있다.

2

인왕산 북측 구간

기차바위 능선~홍지문

기차바위 능선에서 바라본 인왕산 치마바위

기차바위 능선에서 한양도성 인왕산 구간의 성벽을 바라보면 탕춘대성과 한양도성의 연결지점을 알 수 있다. 또한 인왕산의 능선에 축성된 성벽과 자연암반(치마바위)을 성곽으로 활용하고 있는 모습을 볼 수 있다.

탕춘대성의 기차바위 능선에서는 멀리 평창동 지역과 성곽이 건설된 산지의 능선(향로봉, 비봉, 승가봉, 문수봉, 보현봉), 그리고 북한산성이 보인다.

기차바위 모습

기차바위 능선에서 연결되는 토축(추정) 구간의 모습

홍지문 남쪽 성벽 구간에 위치한 참호와 초소

당춘대성의 기차바위를 지나면 토축 구간으로 추정되는 능선이 나온다. 현재 등산로로 조성되어 있으며 좌우로 소나무 등이 분포하고 있다.

홍지문 남쪽, 인왕산의 성벽 구간의 능선에는 대한민국 군대의 참호와 초소가 남아 있다. 1970년대 조성된 것으로 추정되며 현재는 사용되고 있지 않다.

탕춘대성 여장 모습

탕춘대성의 인왕산 구간의 끝자락과 홍지문 남쪽 사이에는 석성 약 70m가 남아 있다. 이 구간의 성벽은 비교적 잘 유지되고 있어 탕춘대성의 여장 원형을 확인할 수 있다.

탕춘대성 복원 구간(약 80m)

1976년 복원된 탕춘대성의 성벽 구간(우익성)의 모습이다. 당시 체성과 여장이 복원되었으며, 성곽 내측으로 탐방로가 조성되어 있다.

3 홍지문과 오간수문 구간

홍지문(정면)

홍지문(한북문)은 원래의 위치가 아닌 홍제천 방향으로 이축하여 복원되었다.
탕춘대성의 내측에서 홍지문의 배면을 보면, 문의 좌측에 도로의 확장으로 조성된 약 3m 높이의 축대가 있다.

홍지문(배면)

홍지문 홍예 석축

성문 육축의 홍예 석문 내측에는 을미년(乙未年) 한북문 축성 시기를 기록한 각자가 남아 있다.

홍지문과 인왕산 구간(우익성)은 도로에 의해 단절되어 있다.
홍제천에서 성문 방향으로 바라보면 도로의 조성을 위해 만들어진 축대의 모습을 확인할 수 있다.

도로로 성벽과 단절된 홍지문

홍지문과 오간수문

홍지문과 오간수문

오간수문

멸실되었던 오간수문은 남아 있던 기초부에 대한 실측조사 결과를 바탕으로 원래의 위치에 복원되었으나, 주변 도로의 개설 및 하천 정비로 홍제천이 개수되면서 수문 주변의 풍경은 과거와 달라진 모습이다.

홍지문의 밖에서 오간수문과 이어지는 경사 구간의 성벽을 통해 지형의 능선으로 활용해서 축성된 탕춘대성의 특징을 알 수 있다.

홍지문과 오간수문 모습(1910~1920년과 비교)

오간수문과 연결되는 탕춘대성 성벽(좌익성)의 모습(1910~1920년과 비교)

4

북한산 남측 구간

오간수문~향로봉

홍지문 북측 성벽

홍지문 북측, 북한산의 남측 구간에 남아 있는 탕춘대성의 성벽은 여장이 훼손된 상태지만 체성과 내탁부는 그 원형을 잘 유지하고 있다.

산지의 경사 지형을 따라 건설한 성벽의 모습에서 방형의 돌을 사용하여 쌓은 당시의 축성술을 확인할 수 있다.

경사지에 조성된 체성과 여장이 훼손된 모습

탕춘대성 성벽 내부의 모습으로 훼손된 여장과 경사진 내탁부를 확인할 수 있다.
멀리 탕춘대성의 자연암반 구간인 향로봉~문수봉이 보인다.

훼손된 여장의 모습

탕춘대성 내탁부와 북한산성 능선 모습

탕춘대성의 내부는 비교적 평평한 지형을 가졌다. 현재 식재가 되어 있으며 성벽 내측으로 탐방로가 조성되어 있다. 멀리 탕춘대성의 자연암반 구간 및 북한산성이 보인다.

능선을 따라 건설된 탕춘대성 성벽 체성의 모습을 살펴보면, 내측으로 탐방로가 조성되어 있으며 주변에는 나무들이 많이 분포하고 있다.

탕춘대성은 자연 지형의 형상을 따라 건설되었다. 현재 성벽의 여장은 훼손되어 있지만 체성이 원형을 잘 유지하고 있어 이러한 탕춘대성 축성의 특성을 잘 보여준다.

산지의 능선과 남아있는 탕춘대성 성벽의 체성

탕춘대성 성벽의 체성과 훼손된 여장의 모습

탕춘대성 바깥에서 본 체성의 모습

탕춘대성의 암문

탕춘대성의 중간지점에는 평거식 암문이 설치되어 있다. 성곽의 내·외측을 연결하는 문으로 암문 주변의 성벽이 그 원형을 잘 유지하고 있다.

탕춘대성의 석성은 향로봉 바로 아래에서 끝나고 향로봉부터 문수봉까지는 자연암반 구간이다.
탕춘대성의 성벽이 종료되는 지점의 인근에서 향로봉을 바라본 모습이다.

탕춘대성에서 바라본 향로봉

5 북한산 암반 구간

향로봉~보현봉

인왕산에서 바라본 향로봉~보현봉 모습

인왕산에서 바라본 탕춘대성의 모습으로 멀리 자연암반 구간과 북한산성의 모습을 확인할 수 있다.

6 탕춘대성의 동편 자연 능선

탕춘대성의 맞은편(동쪽)의 능선은 한양도성의 곡성으로부터 구준봉, 형제봉, 보현봉으로 이어진다.
험준한 자연 지형의 능선이 연속적으로 형성되어 있어서 탕춘대성과 더불어 내부를 보호하는 기능을 수행할 수 있었을 것으로 판단된다.

탕춘대성 맞은편 능선(배경 출처 : 브이월드)

탕춘대성(서성)과 동편 자연 능선(배경 출처 : 브이월드)

보현봉으로 이어지는 자연 능선

탕춘대성의 동쪽에 위치한 형제봉에서 북쪽으로 바라보면, 보현봉으로 연결된 능선을 볼 수 있다. 보현봉 좌측으로 북한산성의 대남문이 위치하고 우측으로는 대성문이 보인다.

한편 탕춘대성의 기차바위 능선에서 동쪽 자연 지형 방향으로는, 백악산~곡성~보토현~형제봉~보현봉으로 연결된 산지의 능선을 확인할 수 있다.

형제봉~구준봉~곡성 구간

탕춘대성의 동쪽 형제봉에서 남쪽으로 한양도성의 모습이 보인다. 형제봉~보토현~구준봉~곡성~백악산으로 연결된 산지의 능선을 확인할 수 있다.

탕춘대성 맞은편 형제봉에서 바라본 백악산 능선 전경

곡성(백악)
백악산
인왕산
홍지문

탕춘대성 맞은편 자연 능선에서 바라본 북한산성

형제봉에서 보면 동쪽으로는 탕춘대성의 모습이, 북쪽으로는 북한산성의 모습이 확인된다. 인왕산 기차바위부터 홍지문~보현봉으로 연결된 탕춘대성 산지의 능선을 확인할 수 있다.

2022년 탕춘대성 기록자료 조사 보고서

탕춘대성

발행일	2023년 10월
발행인	서울역사박물관장
발행처	서울역사박물관 한양도성연구소
디자인	디자인크루
제작	현성문화인쇄사
발간등록번호	51-6110569-000350-01
ISBN	979-11-90480-83-3(03910)
가격	20,000원

서울역사박물관
SEOUL MUSEUM OF HISTORY

SEOUL MY SOUL